Tucholsky Wagner Zola Scott Sydow Freud Schlegel

Turgenev Wallace Fonatne

Twain Walther von der Vogelweide Fouqué Friedrich II. von Preußen

Weber Freiligrath Frey

Fechner Fichte Weiße Rose von Fallersleben Kant Ernst Frommel

Richthofen

Engels Fielding Hölderlin

Fehrs Faber Flaubert Eichendorff Tacitus Dumas

Eliasberg Ebner Eschenbach

Feuerbach Maximilian I. von Habsburg Fock Eliot Zweig

Ewald Vergil

Goethe Elisabeth von Österreich London

Mendelssohn Balzac Shakespeare Dostojewski Ganghofer

Trackl Lichtenberg Rathenau Doyle Gjellerup

Mommsen Stevenson Tolstoi Hambruch

Thoma Lenz Hanrieder Droste-Hülshoff

Dach Verne von Arnim Hägele Hauff Humboldt

Reuter Rousseau Hagen Hauptmann Gautier

Karrillon Garschin

Damaschke Defoe Hebbel Baudelaire

Descartes

Hegel Kussmaul Herder

Wolfram von Eschenbach Dickens Schopenhauer

Bronner Darwin Melville Grimm Jerome Rilke George

Campe Horváth Aristoteles Bebel Proust

Bismarck Vigny Voltaire Federer Herodot

Gengenbach Barlach Heine

Storm Casanova Tersteegen Grillparzer Georgy

Lessing Gilm

Chamberlain Langbein Gryphius

Brentano Lafontaine

Strachwitz Claudius Schiller Kralik Iffland Sokrates

Katharina II. von Rußland Bellamy Schilling

Gerstäcker Raabe Gibbon Tschechow

Löns Hesse Hoffmann Gogol Wilde Vulpius

Luther Heym Hofmannsthal Klee Hölty Morgenstern Gleim

Roth Heyse Klopstock Kleist Goedicke

Luxemburg Puschkin Homer Mörike

La Roche Horaz Musil

Machiavelli Kierkegaard Kraft Kraus

Navarra Aurel Musset Lamprecht Kind Kirchhoff Hugo Moltke

Nestroy Marie de France

Laotse Ipsen Liebknecht

Nietzsche Nansen Ringelnatz

Marx Lassalle Gorki Klett

von Ossietzky Leibniz

May vom Stein Lawrence Irving

Petalozzi Platon Knigge

Sachs Pückler Michelangelo Kafka

Poe Liebermann Kock

de Sade Praetorius Mistral Zetkin Korolenko

Uber die deutschen Doppelwörter

eine grammatische Untersuchung in zwölf alten Briefen und zwölf neuen Postskripten

Jean Paul Richter

Impressum

Autor: Jean Paul Richter
Umschlagkonzept: toepferschumann, Berlin

Verlag: tredition GmbH, Hamburg
ISBN: 978-3-8424-9099-4
Printed in Germany

Ziel der TREDITION CLASSICS ist es, tausende deutsch- und
fremdsprachige Klassiker wieder in Buchform verfügbar zu
machen. Die Werke wurden eingescannt und digitalisiert. Dadurch
können etwaige Fehler nicht komplett ausgeschlossen werden.
Unsere Kooperationspartner und wir von tredition versuchen, die
Werke bestmöglich zu bearbeiten. Sollten Sie trotzdem einen Fehler
finden, bitten wir diesen zu entschuldigen. Die Rechtschreibung der
Originalausgabe wurde unverändert übernommen. Daher können
sich hinsichtlich der Schreibweise Widersprüche zu der heutigen
Rechtschreibung ergeben.

Vorrede

Die erste Hälfte des Werkchens enthält den Wiederabdruck der im Morgenblatt 1818 gegebenen zwölf Briefe über die Doppelwörter, samt einigen Zusätzen und wenigen Verbesserungen. Denn letzte gehörten und kamen meistens in die zweite oder neue Hälfte, welche den Briefen zwölf Postskripte als ebenso viele Kreditbriefe nachliefert, in denen ich meine bessern Gegner nach Vermögen bestreite.

Meinen Versuch, der Sprache einen Übellaut, Überfluß und Verstoß zugleich zu ersparen, haben schon einige vor mir gemacht. In *Köppens* beiden neuen Werken – worin kein Poltergeist des neuern Philosophierens, sondern ein Astralgeist des alten erscheint und regiert –, in der »Politik nach platonischen Grundsätzen« und in der »Rechtslehre«, haben einige Chöre Mißklänge oder Zischlaute verstummen müssen. In *Schillers* gesammelten Werken ist überall »Religionempfindung, Wahrheitgefühl, Landschaftmalerei, Einbildungkraft« zu finden. Auch *Klopstock* soll, wie mein geliebter Heinrich Voß mir sagte, für die Trauformeln der Doppelwörter eine bessere Agende haben setzen wollen. Hätt' ers doch getan und uns ein halbes Zisch- und Fehljahrhundert erspart!

Wahrlich, wer in Grimms Meister-Grammatik – diesem deutschen Sprachheroum – es lesen muß, wie unsere Sprache die reiche Klang-Singstimme ihrer Jugend durch die Jahre eingebüßt und sie nun, gleich einer alten Frau, da kreischt und pfeift, wo sie früher sang: der möchte weinen über einen Verlust auf ewig. Denn er muß in *Grimm* lesen, wie z. B. unsere Deklination *Tag* sonst in Taga, Tago, Tagum umgebogen wurde; unsere andere *Hirt* sonst in Hirti, Hirta, Hirto, Hirtum; und wie eine andere auf a, u, o, ono, om und wieder eine auf eo, eon, eono ausklang oder ein Adjektiv auf emo, u, an, ero, iu, era, eru, o. Ja man muß – denn an die oft griechischtönenden Beugungen der vorigen Zeitwörter darf man gar nicht denken – von Grimm noch erfahren,[1] wie Ort- und Flußnamen z. B. in Hessen und Thüringen sonst geklungen gegen jetzo; z. B. Phiopha lautet heut zu Tage Pfiefe – Fanaha jetzt Venne – Passaha jetzt Besse

---

[1] Dessen Grammatik B. I. S. XXIX.

– Thiatmelli jetzt Ditmold – Mursenaha jetzt Morschen – Miminunga jetzt Meinungen – Slutiza jetzt Schlitz – Butinesbah jetzt Butzbach.

– Aber ich muß die Grimmsche Grammatik bei Seite legen, um mit der Gelassenheit eines grammatischen Vorredners die jetzige Sprache anzuhören und anzusehen, bei ihrer S-Krätze von Außen und dem E-Gries von Innen, welche beide Samstag- oder Schabbes-Buchstaben an die Stelle der vollen Sonntagbuchstaben sich jüdelnd eingelispelt. Allerdings hat sie seitdem an Reichtum gewonnen, wie sie an Weichheit des Klangs verloren, wie ein Mensch zugleich reicher und härter wird. Neben ihre hellen Silbersaiten sind viele kostbare, aber dumpfe Goldsaiten aufgezogen.

Was ist zu tun? Wenigstens gewöhne man, da kein Echo des vorigen Wohlklangs aufzuwecken ist, ihr so viel Übellaute ab, als man kann. Ich werde, hoff' ich für meine langwierige Mühe doch zwei Kränze aufzusetzen bekommen – denn an den dritten und größten, durch zwölf Briefe hindurch Recht zu behalten und Recht einzuführen, zumal über die *ungs, keits, ions,* ist gar nicht zu denken –; aber der erste Kranz kann sein, daß das Näherbringen der Natur der Doppelwörter tausend Schreiber an einige Auslese im Gebrauchen alter, falscher Zusammensetzungen und an einige Behutsamkeit im Erschaffen ähnlicher neuer erinnert, wie z. B. leider Eidsgenossenschaft ist; denn bei so vielen alten Ausnahmen von der Regel sind neue desto sündiger, gleichsam ein Auswuchs aus dem Auswuchs, oder kleinste Staaten eines Staats im Staate. In der Tat wär' es endlich gut, Ohr und Zeit und Recht zu schonen. Mein zweiter Kranz ist der, den ich mir selber zum Teil im Morgenblatte geflochten, daß ich durch meine zwölf Fächer der Sammwörter vielleicht der Sprache, besonders für künftige Forscher und für Fremde, ein größeres Geschenk gemacht, als Herr *Grimm* anerkennen will, dessen deutsche Deklinationen doch meinen Klassen unbewußt sich nähern. Hat man nur einmal Regel und Klasse, hat man nur eine Kirche gebauet, so findet sich der Kirchhof von selber.

Besonders den Ausländern, die sich in unsere verwickelte Sprache hineinwagen wollen, ist jetzo vielleicht das ganze Dickicht der Doppelwörter so gelichtet und ausgehauen, daß ein Lehrling, sobald er nur erträglich deutsch zu deklinieren weiß, in den lichten

Gängen der Sammwörter kaum mehr abweichen oder im Kompaß-Sinne deklinieren wird. Mich dünkt, in den jetzigen Zeiten allseitiger Völkerberührungen gewinnt von Außen ein Volk mehr durch Erleichterung seiner Sprache als durch Erschwerung derselben mit Ausnahmen; nur sonst mußten die Städte sich voll krummer Gassen bauen, um den Feinden den Kampf darin sauerer zu machen.

Übrigens soll mein grammatischer Versuch, sei auch noch so viel daran zu verwerfen, wenigstens ein neues Zeugnis meiner Hochachtung für die Sprache ablegen, deren Klang und Bau ich niemal weder kalt aus Parteilichkeit für den Stoff, noch willkürlich aus eigensüchtigen Absichten behandelt habe; und darum wird mir jährlich nur das Denken leichter, aber das Schreiben schwerer. Indes werd' ich neue Einwendungen gegen meine Ansicht der Sammwörter nicht wieder beantworten, weder in Sedez, geschweige in Klein-Oktav. Aus dem Werkchen selber müssen schon die Auflösungen der Einwürfe zu holen sein, sonst taugt das ganze Werkchen nichts; und man müßte für jedes Buch immer wieder eines schreiben. Es ist aber besser, zu dichten als zu streiten, und ich will lieber, so zu sagen, – erlauben Vorreden solche Sprünge – Flöten bohren als Kanonen bohren.

Die deutsche Sprache bleibt unter allen europäischen Sprachinstrumenten eigentlich als die Orgel – doch soll auch die französische gelten als Schnarrwerk oder Flageolett und die englische als Bootmannspfeife – dastehen, und ihre Engelstimme und ihre Menschenstimme (vox angelica und humana) und ihr 32füßiges Grobgedackt und ihre vielen Mixturenregister sind ordentlich für dichterisch-fliegende *Vogler* gemacht. Da ich nun nicht sowohl ein Orgelbauer als ein Orgelspieler bin: so sieht man es vielleicht gern, wenn ich die Stimmpfeife weglege; ich setze daher, statt noch länger an den Zinnpfeifen zu kneipen, mich wieder auf den Orgelstuhl und die Füße aufs Pedal und ziehe an den verschiedenen Registerknöpfen entweder die Bockflöte – oder den Subbaß – oder im nächsten Jahr den einförmigen Vogelgesang – oder später die schöne Menschenstimme mit dem Tremulanten; denn ich kann künftig alle Mixturen wechseln, ja mischen.

Schließlich verzeihe man mir den kleinen Stolz, daß ich – da jetzo alle Welt, sogar die politische, Charaden macht, ich aber aus Mangel an Versen keine zu Wege bringe – das Meinige auch dazu habe stellen wollen durch zwölf Briefe und Postskripte über die Samm-wörter, mit welchen letzten allein, wie bekannt, Charaden zu erzeugen sind durch Tisch- und Bett-Scheidung und Wiedertrauung des Doppelworts.

Baireuth den 15. Nov. 1819

Dr. Jean Paul Fr. Richter

Über das Zusammenfügen der deutschen Doppelwörter; in 12 Briefen an eine vornehme Dame; nebst einer geharnischten Nachschrift an die Gelehrten

Einleitung

Dem Anschein nach ist nichts regelloser als die Art, auf welche unsere Sprache in den Doppelwörtern das Bestimmwort mit dem Grundworte[2] verknüpft; und die menschlichen Ehen werden bei den verschiedenen Völkern kaum mannigfaltiger geschlossen als bei uns die grammatischen der Doppelwörter. Das gewöhnlichste Band zwischen zwei Wörtern – was auch bei Menschenehen das gewöhnlichste – ist das bloße Zusammenstellen ohne Weiteres von Trauformel und Band, z. B. Halsband, Brautkranz – dann mit einem *s* und *es*, z. B. Staatsmann, Landesherr – sogar bei weiblichem Geschlecht, z. B. Erziehungsfach – ferner in der Einzahl ungeachtet der Mehrzahl, z. B. Fußbad, Schafherde – ferner in der Mehrzahl ungeachtet der Einzahl, z. B. Kindermörderin – ferner mit *en* und *ens*, z. B. Frauenkleid, Herzenskummer – ferner mit dem *e* und *er* der Mehrzahl, z. B. Mäusegift, Eierschale – ferner mit Wegschneidung des *e*, z. B. Sachregister – und endlich mit Zusetzung eines *s* an Bestimmwörter, die sich mit einem zweiten Bestimmwort verlängern, z. B. Nachttraum verlängert Sommernacht *s*-Traum. So werden demnach, um die meisten Beispiele in *einem* zusammen zu geben, dem Worte Krone die Bestimmwörter Baum, Kaiser, König, Fürst, Mann, Frau, Herz, Friede, Schlange, Schule, Liebe sämtlich anders verändert angefügt und nur die beiden ersten unverändert gelassen: Baum- und Kaiserkrone; dann Königs-, Fürst*en*-, Männ*er*-, Frau*en*-, Herz*ens*-, Schlang*en*-, Schul- und Liebe*s*-krone.

Aber, Himmel, können wahre Kronenvereine und Verträge auf verschiedenere Weisen geschlossen werden als diese Wortvereine? Wenn man inzwischen bei einer solchen außerordentlichen Mannig-

---

[2] Z. B. im Doppelwort Baumschule ist Baum das Bestimm- und Schule das Grund-Wort.

faltigkeit von Leittönen, womit ein Bestimmwort ins Grundwort übergeht und übertönt, bei den Sprachlehrern nach der Regel, welche den jedesmaligen bestimmten Leitton festsetzt, die Frage tut, so haben sie in ihren Büchern (wie z. B. Adelung) gar nicht an die Frage gedacht, sondern nur bloß die einzelnen Beispiele des Gebrauchs aufgeführt, es aber völlig uns und – was noch jämmerlicher ist – dem Ausländer überlassen, durch Sprachübung die dreißigtausend Doppelwörter unserer Sprache unter die verschiedenen Fahnen ihrer Regimenter richtig einzureiben. Freilich nur dreißigtausend nahm ich mit Wolke an; aber jede Messe kann sie vervielfachen; ja die schon vorhandenen will ich auf der Stelle verdoppeln durch bloßes Umkehren, z. B. Landtrauer in Trauerland, Priesterrock in Rockpriester, Staatsdiener in Dienerstaat, Bundestag in Tagesbund. Wenn aber der Sprachlehrer den Frager und Schüler bloß in den ganzen tiefen Wald seines deutschen Wörterbuchs hineinschickt, um sich Antwort abzuholen, und wenn er auf diese Weise uns und jeden, der Doppelwörter richtig bilden will, bloß auf unser anerzogenes Deutsch verweiset: so hab' ich ja, wie jeder, den ganzen Mann mit allen seinen Büchern unter den Armen und auf dem Pulte gar nicht nötig; so wenig als *Cicero* die Langische Grammatik, oder Jesaias die Danzische.

Es gehört vielleicht unter die wenigen großen Entdeckungen, die in diesem noch jungen Jahrhunderte gemacht worden, und zwar von mir selber, daß ich die feste Regel herausgefunden, nach welcher sich die verschiedenen Bestimmwörter den Grundwörtern anknüpfen und die verschiedenen Klassen von Doppelwörtern bilden. Auch erfährt jeder nach dem Zusammenbauen eines Doppelworts die Hülfe einer ungenannt verwebenden Regel; denn Logik ist der Instinkt der Sprache.

Nur etwas steht uns hier im Wege, was ich nicht umgehen kann, nämlich der Ort selber, wo ich die Regel aufstellen und durchführen will, das gegenwärtige Morgenblatt. Grammatische Aufsätze sind, wenn sie keine bessere Sprache angehen als die eigne, nur für wenige deutsche Leser; denn die meisten, obgleich jeder Leser zugleich auch Schreiber ist und also die Aufsätze gebrauchen könnte, eignen sich den Freibrief der Leserinnen an, zu schreiben, wie nur der Himmel will und nicht der Sprachlehrer. Wie unter Friedrich dem 2ten die Konsistorialräte den Befehl gehabt, keinen theologischen

Kandidaten wegen bloßer Unwissenheit im Hebräischen abzuweisen:[3] so wird auch Unwissenheit in der deutschen Sprache für kein Hindernis genommen, als Schriftsteller zu erscheinen, weder im juristischen noch im dichterischen Fache. Noch mehr aber – als den Lesern – befürcht' ich den Leserinnen einige Morgenblätter durch meine grammatischen Sennesblätter zu verleiden, so daß sie sich nach einem bessern Blättergebäck umsehen.

Und dieses hab' ich aufzutreiben gesucht.

Glücklicher Weise haben nämlich deutsche Professoren allmählich den leicht beweglichen Franzosen den Kunstgriff abgelernt, die langweiligsten Kenntnisse den kurzweiligsten Leserinnen dadurch beizubringen, daß sie solche in Briefe kleiden und ihnen, wie andere bittere Pillen, in Brief-Oblaten gewickelt eingeben. Ja manche Deutsche übertrafen noch die gewandten Franzosen und machten alles nicht nur den Leserinnen leicht, sondern auch sich selber, indem sie den Brief (die gelehrte Materie ruhte mit ihrer ganzen Kern-Schwere unversehrt in der Mitte fest) in den artigen Anfang einfaßten: »reizende Freundin« und in das rührende Ende: »leben Sie wohl« eintauchten und so den grammatischen dürren Aufsatz oder Aktenstock, wie einen Spazierstock, oben und unten silbern beschlugen. Ich habe diese bequeme niedliche blätternde Einkleidung schwerfälliger Materien schon in den Zirkelbriefen meines *Jubelseniors* versucht und bin seitdem von manchem Professor glücklich genug nachgeahmt worden; denn die Sache ist nicht im Geringsten schwer. Hier ist von keiner putzenden Einkleidung, wie bei Fontenelle über die Welten-Mehrheit, die Rede, sondern alles, was billig gefodert wird, ist, daß der Autor, wie gesagt, die Anrede an die Freundin zweimal, anfangs und zuletzt, gleichsam wie Anfang- und Schlußleisten eines Buchdruckerstocks hinstellt – webt er sie öfter ein, so gibt er freilich darüber –, dazwischen aber seine mathematischen, chemischen, physikalischen oder andere Kenntnisse, die er einkleiden will, ohne Weiteres nackt aufführt, so daß der Brief gewissermaßen einem guten Schauspiel ähnlich ist, das nach Home gerade in der Mitte der Handlung die größte Verwicklung zeigt.

---

[3] Siehe: kleiner Voltaire von Schummel.

Hier folgen endlich die Briefe, worin ich in die Fußstapfen eines Merkels und Eulers nach Vermögen getreten. Merkel schrieb seine kritischen an ein einfaches Frauenzimmer; Euler aber seine physikalischen geradezu an eine deutsche Prinzessin. Ich wandle wohl leicht den schlichten Mittelweg, wenn ich meine grammatischen bloß an eine vornehme Dame richte.

Erster Brief

Die große Regel – erste Klasse der einsylbigen Doppelwörter mit *e* und Umlaut im Plural

Baireuth den 1sten Jenner 1817

Endlich, geehrteste reizende Freundin, erfüll' ich das Ihnen schon im vorigen Jahr vorgestern gegebene Versprechen, Sie mit meinem grammatischen Funde der Hauptregel über das Paaren des Bestimmwortes mit dem Grundworte zu unterhalten.

Das Bestimmwort – oder auch die Beifüge, wie es der vortreffliche *Spate* in seiner »Lehrschrift von der hochdeutschen Sprachkunst« nennt – ist eigentlich ein verstärktes oder ein verstärkendes Adjektiv, das sich mit dem Grundworte zu *einem* Worte verschmelzt und daher die gewöhnlichen Trenn- und Regierzeichen zwischen zwei Wörtern ablegt und dadurch das allgemeine Grundwort zu einer eingeschränkten Bedeutung bestimmt; z. B. es gibt viele abendliche Sterne, oder auch Sterne des Abends, aber der Abendstern ist ein besonderer und bestimmter; so wird aus großem Handel und großem Kreuze Großhandel und Großkreuz durch Einschränkung. Das bittere Salz wird ein bestimmtes Salz, wenn das Adjektiv-Trennzeichen wegfällt und so Bittersalz sich bildet; Ehre wirft sein Nominativ-*e* weg und bildet Ehrliche; andere Substantive geben die Pluralzeichen auf, z. B. in Fußbad; Zeitwörter das Infinitiv-*en*, z. B. fühlen in Fühlhorn. Daher gibt es wohl in der ganzen deutschen Sprachlehre keinen vielfachern Irrtum, meine Verehrteste, als den, das Bestimmwort im Verhältnis des Genitivs zum Grundworte zu denken. Denn erstlich tritt das Bestimmwort, wenn es ein Substantivum ist, aus jedem Beugefall an sein Grundwort, z. B. *Mann*weib, *Zwerg*baum (Nominat.) – göttergleich, ehrwidrig, Geldarmer (Dativ) – wahrheit-, ehrliebend (Akkusat.) – Berggipfel (Genitiv). – Zweitens gattet jede Wörterklasse sich mit einem Grundwort: Adverbien, z. B. *Jetzt*welt; Ausrufungen, z. B. *Ach*geschrei; Adjektive, z. B. *Sauer*honig; so wie sogar Adjektive sich mit ihres Gleichen, z. B. bittersüß. – Drittens hab' ichs schon vorgeführt, wie die Bestimmwörter gerade ihre Eigentümlichkeiten und Trennzeichen fallen lassen, um mit ihren heiratenden Grundwörtern *ein*

Leib und *eine* Seele zu werden. – Viertens könnt' ich noch anführen, daß daher die Genitiv-*es* und -*s*, die den Bestimmwörtern als Auswüchse anhangen, nicht bloß überflüssig, sondern oft sogar regelwidrig stehen, z. B. gesundheits-, ordnungswidrig, stand*es*gemäß, wo offenbar der Dativ, oder wahrheitsliebend, wo der Akkusativ sein mußte.

Aber wozu dies alles? Ich habe die Regel gefunden, nach welcher sich die verschiedenen Klassen der Bestimmwörter an die Grundwörter knüpfen und mit einer Überzahl von Stimmen das Genitiv-*es* verwerfen.

Die Regel ist: *Der Nominativ des Bestimmwortes im Plural entscheidet die Art der Verknüpfung mit dem Grundworte.*

Ich will jetzo dieser Regel, Gnädige, durch die verschiedenen Plural-Klassen hindurch nachgehen und in jedem Briefe eine festhalten, zuerst die einsylbigen, dann die mehrsylbigen Bestimmwörter.

Die erste Klasse, die einsilbigen Wurzelwörter, die im Plural *e* mit dem Umlaut haben, z. B. Kopf, Köpfe, Hut, Hüte, reihen sich unverändert an das Grundwort.

Hier stehen männliche: Kahn, Zahn, Ast, Dachs, Bart, Stab, Hals, Kranz, Tanz, Sack, Stall, Saal, Kampf, Krampf, Paß, Saft, Dampf, Stamm – Topf, Frost, Stock, Zoll, Pflock, Rock, Knopf, Zopf – Fuchs, Hut, Fluß, Stuhl, Schwur, Fuß, Grund, Mund, Flug, Pflug – Traum, Baum, Zaum, Raum, Saum, Gaul, Bauch, Rauch. – Hier stehen weibliche: Hand, Kraft, Nacht, Wand – Lust, Luft, Kuh, Kunst, Zunft, Nuß, Brust, Schnur – Schoß – Haut, Braut, Faust, Sau.[4] – Geschlechtlose Wörter dieser Klasse kenn' ich nicht.

Hier nun höret bei dem Zusammensetzen die Sprache weder auf die Foderungen der Mehrzahl, noch auf die des Wohllautes, sondern sie sagt keck: Baumschule (statt Bäumeschule), Fußbank (statt Füßebank), Zahnpulver, Faustkampf, Gasthaus, Kuhweide, Hutmacher, und ungeachtet des Mißklangs: Kopfschmerz, Dampfschiff, oder gar Fuchsschwanz, da doch der alte Genitiv »des Fuchsen« Milderung darbot.

---

[4] Der Leser verlange nicht, daß ich hier – oder auch in den nächsten Klassen – alle Wörter derselben Rotte aufführe; aber daß alle von nur ausgelassenen ganz nach derselben Regel gehen, dies verlang' er.

Zu Tausenden können Sie, schöne Freundin, solche Doppel- oder Zwillingwörter (die Drillinge wie Nußbaumholz anstatt Nüssebaumholz geb' ich drein) im ersten besten Wörterbuch zusammenweben. Aber mit einer Macht von so viel Tausenden sollten, dächt' ich, die wenigen Überläufer zu schlagen und zu bessern sein, deren ich im Ganzen kaum ein Dutzend mühsam auftreibe.

Hier stehen sie: zuerst vier weibliche: die Maus, die Laus, die Gans und zuweilen die Kuh, welche Quadrupelalliance trotz der obigen Regel, die sogar gegen den Sinn die Einzahl beibehält, z. B. *Hand*gemenge, *Faust*kampf, sinnwidrig die Mehrzahl einschwärzt, z. B. *Gänse*hals, *Mäuse*fell. – Die männlichen sind sieben Mann stark: Rat, Wolf, Bock, Hahn, Schwan, Bund und Sohn. Wer nicht Wolfhaut, Bockhorn, Sohnliebe sagt, der muß auch sagen Pflocks-, Blocks-, Stocks-, Rocks-, Knopfs-, Zopfslänge u.s.w. – ja wer ins Bockshorn durch den Bocksbart gejagt ist, darf auch nicht mehr von Bockfüßen, Bockfellen, Bockställen, Bockleder und Bockpfeife reden. – Hahnen- und Schwanenhals – anstatt Hahn- und Schwanhals – kommt vom alten Plurale her, welcher anstatt Hähne und Schwäne sagte Hahnen und Schwanen; aber am Ende hätten ich und Sie wenig gegen die Rückkehr dieses alten Plurals, da er besser klingt und da Hahn und Schwan alsdann nach meiner fünften Pluralklasse, die ich Ihnen erst nach vier Monaten schicke, sich so richtig beugen würden wie Graf und Fürst. – In das *Rat*haus, worin *Rat*mann und *Rat*geber und mehre *Räte* mit *Rat*schlüssen sitzen, gehören daher auch nur Ratschreiber, Ratdiener, mit Ratwahl und Ratsesseln. – *Bundestag*[5] ist gerade so regelwidrig, als Mundestasse und Grundesriß und Grundesstein sein würden. Zum Glück kann Frankfurt durch das Gewicht seines Beispiels leicht neben größern alten Tatfehlern auch diesen Sprachfehler ausreuten, indem die Bundestagsversammlung ja schon durch den bloßen häufigen Gebrauch ihres Namens Bundtagversammlung das Ohr dem richtigern Sprachgebrauch zugewöhnen muß. So setz' ich überhaupt, Verehrteste, auf denselben Bundtag meine Hoffnung, daß er durch seine Sprech-Muster, da sie in alle Zeitungen kommen, es vermögen werde, den holperigen eckigen Geschäft- und Kanzleistil abzuschaf-

---

[5] Im Sprachschatz von dem Spaten findet man noch Bundbruch, Bundgenoß und Bundschuh.

fen und wie Briten und Franzosen einen runden einfachen einzuführen, der bisher in Geschäften so selten war als auf der Post ein
runder Brief oder in den österreichischen Erblanden unter Joseph
dem II. ein Honig- oder Pfefferkuchen.[6] – Endlich statt Sohns- *Sohn*-
freude kann bei bisheriger *Vater*- und *Mutter*-freude so wenig fremd
klingen als *Autor*freude, welche besonders diejenige ist, womit ich
dieses Jahr mit einem Brief an Sie, hohe Freundin, anfing und ihn
beschließe als ewig der Ihrige etc.

---

[6] Deutsche Zeitung S. 374.

Zweiter Brief

Die einsylbigen Bestimmwörter mit *e* im Plural ohne Umlaut

Baireuth den 25. Febr. 1817

Ihr Lob meines Jennerbriefes, reizende Freundin, feuert mich mehr, als Sie wissen, an; ob Sie mir gleich ein unverdientes geben, wenn Sie mich den zweiten einkleidenden Merkel nennen. Deutschen, Verehrte, wird Leichtigkeit nicht leicht; nur selten schlägt einer und der andere von uns, wie Sebastian Bach, geschmackvolle Doppeltriller mit den Füßen auf dem Pedal. – Die einsylbigen Bestimmwörter mit *e* im Plural ohne Umlaut, auf welche ich heute komme, werden wieder sämtlich ohne Genitiv-*s* oder sonstige Bindformel dem Grundwort angetrauet, wie folgende Muster zeigen: *Arm*brust, *Bergbau*, *Fisch*fang, *Roß*täuscher, *Hauch*lehre, *Stein*sammlung, *Brief*träger, *Stück*gießer. – Nur noch einige aus dieser Volkmenge führ' ich Ihnen zu beliebigen Trauungen vor: Wein, Deich, Bein, Stein, Kinn, Wind, Tier, Hirsch, Tisch, Bier, Hecht, Heer, Meer, Ring, Preis, Kreis (folglich Greis), Mond, Haar, Jahr, Tag, Schaf, Salz, Herbst, Spiel. Da aber diese Wörterklasse die volkreichste ist, so sind Abweichungen von ihrer Regel auf der einen Seite natürlicher als auf der andern desto sündhafter und zum Ausschneiden reifer. Am meisten verwerflich sind regelfremde Zusammenfügungen bei Übergewicht der regelrechten desselben Wortes; folglich die Meerstiefe und die Eidsgenossenschaft einiger Schreiber; oder Schiffssoldaten und Schiffszierat mitten unter *Schiff*leuten, -knechten, -köchen, -schlächtern, -schreibern und -trompetern und bei *Schiff*bruch, -zoll, -boden, -rose, -zwieback, -fahne, -mühle etc. Wieder ein anderes falsches Fügen der Wörter dieser Klasse – wie das nächtliche Fügen der Schweizer Jünglinge – gibt es, wo die Regel neben mehren Getreuen auch viele Abtrünnige zählt; z. B. wo neben Jahr-zahl, Jahr-buch, Jahr-tag, Jahr-woche, Jahr-markt und Jahr-geld sich Jahr*s*lauf, Jahr*s*bericht, -fest, -sold, -zeiten stellen, oder wo hinter *Tag*dieb, -lohn, -schläfer, -arbeit, -fahrt, -blatt, -garn, -schlaf, -schmetterling, -wache dennoch Tag*s*stunde, -zeit geschrieben wird. Mond*e*nschein kann sich nur hinter den Dichter flüchten gegen *Mond*licht, -sucht, -flecken, -karte, -kugel, -nacht, -lauf, -strahlen, -mann, -schatte und -wechsel. – *Feind* und *Freund* suchen ihrem *d* durch ein *es* die Weichheit zu erhalten z. B. Feind*es*liebe –, welche der *Dieb* seinem *b* gerade durch sein *s* noch mehr verkümmert – z. B. Dieb*s*bande, Dieb*s*sinn. – Der *Hund* läßt und nimmt seinem *d* wechselnd die Weichheit durch *e* und *s*, z. B. Hund*e*brot, -peitsche, -loch etc., und wieder Hund*s*kot, -nase, -zähne, -tage etc. – Weit schöner benahm sich sonst das *Pferd*, das zwar dreizehn Male durch *e* sein weichmäuliges *d*, z. B. in Pferd*e*futter, Pferd*e*striegel, bewahrte, aber dafür 53 Male dem Zaume dieses zweiten Regelbriefes gehorchte und alle *s* verbiß; aber dieses tat es nur in des *Spaten* »teutschen Sprachschatze«; jetzo schäumts in allen Büchern *e* und *s*. – Wenn der *Greis* sich in seinen Heiraten mit Grundwörtern nicht nach *Preis* und *Kreis* und den übrigen Bestimmwörtern dieses zweiten Briefes an Sie richtet, sondern Greis*es*freude, Greis*en*locke u.s.w. behauptet: so halte man es ihm zu gut, daß der alte Mann sein Substantiv *Greis* auf alle Weise suchen muß von dem erbärmlichen Adjektiv-Verwandten *greis* durch Flektieren zu unterscheiden, indes freilich der *Kreis* (z. B. ein deutscher) oder der *Preis* (z. B. ein akademischer) als ein Bestimmwort sich von nichts regieren oder beugen läßt.

Wenn der *Mönch* gegen meine Ordenregel ein *s* sich überall hinten so unrichtig ansetzt in »Mönch*s*kloster« etc. als oft vornen das sanctus-S: so wundert es mich nicht, da an ihm ohnehin so viel aufzuheben ist, nicht bloß sein Kloster, sondern sogar er selber.[7] – Das elende *Schwein* will ich in einem Brief an Sie gar nicht berühren, aber wohl anderorts. – Der abscheuliche *Krieg* pflanzt sich regellos, wie überall, mit dem Hund- und Zisch- und Sauselaut an die Grundwörter, so wie sein Nachzügler und Reim, der *Sieg*, und quartiert uns in der Sprache alle mögliche Kriegs- und Siegs-Völker mit ihren Freund*es*- und Feind*es*leuten, mit Kriegs- und Siegsliedern ein. Für das *s* als Ausnahme einer so durchgehenden Regel spricht hier nicht *ein* Grund,[8] der dasselbe nicht auch bei dem wörterreichen

---

[7] Über den Mönch und überhaupt über alle Ausnahmen und Sünden des Sprachgebrauchs gegen meine Regelklassen werd' ich in den 12 Postskripten näher eingehen.

[8] Wenn man etwa sagen wollte, Krieg wäre dann ohne das s nicht von dem andern Kriegen (Bekommen) zu unterscheiden, in Kriegstand, Kriegheer, Kriegräten, Kriegrecht, so sag' ich: dies soll es auch nicht, da eben nach Anton

Berg einführen könnte, z. B. Bergshauptmann, Bergsgericht. Gleich den armen *Berg*leuten aber *Krieg*leute und *Wirt*leute einzuführen, würde ein Ries Papier als Gegengewicht gegen die Kraft der mündlichen Rede kosten. – Indes Landsmann scheint, ob es gleich aus der Verwandtschaft von Landfriede, Landplage, -karte, -tag, -streicher geschlagen ist, doch als Unterschied von Landmann der Nachsicht und Beibehaltung würdig. So schneid' ich auch der heiligen römischen Reichsordnung von Reichswörtern das s nicht weg; auf Millionen alten Blättern ist das s uns als ein *sanctus*-S übrig geblieben, und diesen letzten Heiligennachschein des heiligen Reichs auswischen, hieße den Franzosen während der Revolution gleich werden, welche in den Tagen ihrer titanischen Heiligen-Stürmerei an allen Pariser Häusern das St. oder Saint auskratzen ließen. Wollen wir lieber durch die Fortbewahrung des Reichs-S ihnen auf der schönern Seite nacharten, nämlich auf der, wo sie, nicht eben als besondere Liebhaber und Kenner der griechischen Sprache bekannt, doch jede chemische Erfindung mit einem griechischen Namen taufen, oder auf der Seite, wo sie, ebenso wenig als besondere Liebhaber und Kenner des Christentums berühmt, doch die Namen ihrer Dörfer immer mit Saint anfangen, indes in frühern Zeiten gerade die Dörfer die unbekehrten Heidensitze bezeichneten, wie paganus von pagus Ihnen, meine Verehrteste, beweiset. – Aber ich ermüde Sie; ich fahre daher fort im nächsten Märzmonat und bleibe unverändert der Ihrige.

J. P.

(dessen Geschichte der deutschen Nation I. 1795) Kriegen für Bekommen vom Worte Krieg abstammt.

Dritter Brief

Die einsylbigen Bestimmwörter ohne Plural

Baireuth den 21. März 1817

Zuerst, Herrliche, den herzlichsten Dank für alles und für so manches andere! Sie kennen meine Wünsche, errat' ich wohl, und so geh' ich denn freudig ohne Weiteres weiter.

In diesem Briefe treten nun die einsylbigen Bestimmwörter auf, die gar *keinen* Plural besitzen. Darüber werden Sie erstaunen, da ich ja die Regel im ersten Briefe eisern festgestellt, daß der Mehrzahl-Nominativ überall die Anfügungen entscheide. Aber ich bitte Sie, mich hier bloß mit Linnée zu vergleichen und in *eine* Linie zu stellen, welcher ein ähnliches Fachordnen der Pflanzen bloß nach Staubfäden (wie ich der Bestimmwörter nach Pluralnominativen), und gewiß mit nicht weniger Glück und Geschick, für die gelehrte Welt geliefert hat; aber derselbe große Mann und Fachordner mußte doch zuletzt mit einer Klasse von Pflanzen beschließen, worin gar keine Staubfäden erscheinen und die er seine vierundzwanzigste oder die der kryptogamischen Gewächse nennt, z. B. der Moose, Pilze u.s.w. Dergleichen nun ist meine dritte Klasse in diesem Briefe und enthält die einsylbigen Sammel- oder Kollektivwörter und Abstrakta, welche – ausgenommen crypto-pluraliter – keine Mehrzahl haben, und die als Bestimmwörter sich alle unverändert ohne *s* dem Hauptwort anfügen; folglich z. B. *Tau*tropfen, *Schnee*feld, *Milch*topf, *Wild*bahn, *Vieh*stand, *Obst*kammer, *Lohn*diener, *Blut*hund und -bad, *Schmutz*fleck, *Staub*wolke, *Stahl*fabrik, *Hanf*- und *Flachs*- und *Wachs*-bau; und so ohne weitere Mitgabe der Grundwörter die folgenden: Eis, Fleisch, Kohl, Laub, Gold, Blei, Rauch, Zorn, Spott, Hohn, Stroh, Reis, Sand, Glück, Zwang, Schein. Ebenso einsylbige Eigennamen wie *Rhein*fahrt, *Sund*zoll. Daher ist *Blut*sfreund und *Blut*stropfen – zumal bei dem richtigen Blutigel, -sturz, -rat, -verlust, -fluß – so falsch, wie *Glück*stopf ist und *Gold*stopf sein würde. *Volk* kann so wenig als Vieh eine Mehrzahl haben, und daher klingt Volksbuch und Volkslied wie Viehshirte, so Volksversammlung wie Viehsherde; denn Völker ist nicht der Plural des abstrakten Worts

Volk, sondern des bestimmten; deshalb kann man sagen: das *Volk* ist unter allen *Völkern* sich gleich.

Verzeihen Sie die Kürze, Verehrte, da ich, wie Sie sehen, heute, wie jener Humanist an seinem Hochzeittage, ebenso an meinem 54sten Wiegenfeste Ihnen mitten unter mehr als vierundfünfzig *Glück*wünschen schreibe.

Ich bin aber ewig etc.

Vierter Brief

Die einsylbigen Bestimmwörter auf *er* im Plural mit und ohne Umlaut

Baireuth den 1. April 1817

Gewiß erinnern Sie sich noch, reizende Freundin, meines Jenner-Briefes, wo ich von den Wörtern auf *e* im Plural und mit dem Umlaut geschrieben, daß sie, wie sie sind, sich an das Grundwort setzen, z. B. *Traum*buch. Ich füge heute hinzu: die auf *er* mit dem Umlaut tun dasselbe. Also Faß, Fässer hat *Faß*binder, so *Dach*decker, *Band*weber – *Holz*sammlung, *Dorf*fuhren – *Buch*händler, *Wurm*fraß. –

Nur noch einige zum Kopulieren: *Fach, Blatt, Rad, Schloß, Dorf, Grab, Volk, Horn, Gras, Rand, Land, Band, Kraut, Haupt, Bad, Wald, Tal, Korn, Maul, Haus, Buch.* Die Sprache wird nun ihr eigner Zweikämpfer, wenn sie nach obiger Regel zwar *Kalb-* und *Lamm*fleisch festsetzt, aber doch *Kalbs-* und *Lamms*kopf, oder ebenso fehlerhaft *Manns*person und *Manns*kleid annimmt. Wenigstens weniger gegen die Regel sündigt die Mehrzahl, z. B. in *Hühner*koch, *Güter*wagen, *Wörter*buch, *Männer-, Weiber*tracht; so ist *Amts*knecht, *Amts*stube etc. so regelwidrig, als Amtsmann, Amtsleute es sein würde. Orte, Worte, Lande, Bande gehören zu den Wörtern des Februarbriefes. –

Die Bestimmwörter mit *er* im Plural ohne Umlaut werden gewöhnlicher einfach angefügt, z. B. *Licht*zieher, *Brett*nägel, *Feld*messer, *Geld*handel, *Leib*arzt, *Kind*bette, *Bild*schnitzer, *Bild*hauer, *Schwert*feger, *Rind*fleisch, *Ei*weiß, und seltener mit der Mehrzahl bezeichnet angehangen; z. B. in Glied, Kleid, Bild, Weib, Kind die Fügungen Glieder-, Kleider-, Bilder-, Weiber-, Kinder-Narr. Diese Mehrzahl mag sich zugleich durch Erhaltung der Weichheit des *d* und durch Sinn entschuldigen; aber der *Kinder*mörderin fehlt sogar der Sinn. Am Ende – als ob es noch nicht Veränderlichkeiten in dieser Aprilklasse genug gäbe – ziehen gar noch einige wie Rind, Kind, Geist mit dem elenden Schmarotzer-*es* und Aussatz-*s* daher in *Rinds-, Kinds*-Kopf und *Geistes-, Leibes*-Gaben. Kurz diese Wortklasse schickt mit ihrer Aprilhaftigkeit uns ordentlich in den ersten des Monats hinein, an welchem ich Festigkeit der Regeln festsetzen wollte; aber keine Unbeständigkeit des Tags und des Monats soll mich je hindern an der Beständigkeit, womit ich bin und war

Ihr etc.
Richter.

Nachschrift

In meinem nächsten oder Mai-Briefe wünscht' ich freilich fortzuschreiben; aber ohne Ihren Wunsch gibt es keinen Mai für mich. Hier in einer Nachschrift wird es weniger nach Loben klingen, wenn ich sage: der April ist gerade der beständigere deutsche Monat und gleicht den Weibern; aber der Mai ist der unfreundlichere und gleicht bei allem seinen Blütenschnee den Männern ziemlich, denn die Leute sagen in den Gärten: »Eine schöne Blüte! Wäre nur das Wetter besser.«

So weit meine ersten vier Briefe an die vornehme Dame. Sollten nun diese und ihr Einkleiden sehr unscheinbarer Gegenstände bei den Lesern einigen Beifall finden: so würde mich dieser ermuntern, im nächsten Morgenblatte fortzufahren und die übrigen acht Briefe über die mehrsylbigen Bestimmwörter mitzuteilen, bis wir endlich zum Wichtigsten kommen, zu meiner geharnischten Nachschrift und Verteidigung meines Weglassens der Genitiv- oder Zeugefall-*s* an Bestimmwörtern. Es hat allerdings Schwierigkeiten, solchen Materien die Trockenheit zu benehmen, die sie einem gebildeten Geschmacke ungenießbar macht, so wie auch dem leiblichen Gaumen alle Körper erst durch schmelzende Flüssigkeiten schmeckbar und schmackhaft werden. Einkleiden ist überhaupt nicht die Stärke der Deutschen, und sie glauben schon eine Draperie mit einem malerischen Faltenwurfe geliefert zu haben, wenn sie dem weißledernen Orgelblasbalg gleicht, der nur *eine* Universalfalte wirft. Umso mehr würd' es mich freuen, wenn vorstehende Briefe den wenigen deutschen Mustern dieser Gattung näher kämen. Wenigstens hab' ich jeden wissenschaftlichen Brief und Tag immer vornen mit der Morgenröte der Anrede an die Freundin versehen und mit der Abendröte: ich bin oder verharre; auch in der Mitte der langweiligsten trockensten Materien hab' ich den Gedanken an die Freundin gleichsam wie eine Vaucluse-Quelle mehrmal springen lassen; sogar eine Nachschrift hab' ich dem letzten Briefe gleichsam hinter der Gorge de Paris der Anrede und dem Cul de Paris des Schlusses noch als eine Schleppe angeheftet. Es kommen in der Folge vielleicht Briefe vor, wo ich mitten unter den Bestimmwörtern mit etwas Galantem einspiele, was wohl französische Sprachmeister bei ihrer Schülerin auch tun, aber nicht so gelenk.

Fünfter Brief

(Vorwort)

Mein neues Auftreten mit Briefen in diesem Morgenblatt beweiset am stärksten den verdienten Beifall, womit meine vorigen von Lesern und Leserinnen des Morgenblattes aufgenommen worden.[9] Mein Dank bleibt ihnen. Aber enthalten kann ich mich nicht, bei dieser Gelegenheit meine Freude auszusprechen, daß in Deutschland jetzo alles ästhetische Verdienst, sei es auch noch so gering, an jedem belohnt wird, vom Schauspieldichter Kotzebue an bis zu Aubry's Hund herunter, der nur das nachspielt, was ein edlerer Hund ihm vorgefühlt. – Hier der fünfte Brief.

Die Bestimmwörter auf *en* im Plural

Baireuth den 1sten Mai 1817

Verehrteste Freundin! Schon im nächsten Briefe gelangen wir zu den mehrsylbigen Bestimmwörtern. An dem heutigen schönen Tag hab' ich Sie bloß zu überzeugen, daß der *weibliche* Teil der einsylbigen auf *en* im Plural sich ohne allen Sylben-Kitt mit den Grundwörtern verbindet, als: Last (nicht Lasts- und nicht Lastenträger) – Jagd – Fracht – Tat – Pest – See – Welt – Beicht – Zeit – Birn – Burg – Stirn – Saat – Schrift – Pflicht – Flur (z. B. Flurbuch, Flurschütz) – Schuld – Tür. Wenn der Dichter zuweilen die Mehrzahl *en* zum Paaren wählt – z. B. Lastenträger, Tatendrang, Saatengrün, Weltenschöpfung –, weil er die Wort- und Bilderkraft verdoppeln will: so sündigt er nicht im Geringsten gegen unsere Regel, Gnädigste; denn die Mehrzahl verträgt sich so gut nach uns beiden – obwohl nicht nach Wolke – mit dem Verhältnis des Bestimmwortes zum Grundworte als die Einzahl. – Nur das *en* an *Frau* (z. B. in Frauenwort, -kleid, -

---

[9] Ein schwacher Spaß wurde mir versalzen durch das Morgenblatt. Ich hatte im vorigen Briefe versprochen, im nächsten Morgenblatte fortzufahren, wenn mir Beifall würde. Wäre nun der gegenwärtige in der nächsten Nummer erschienen, d. h. im Zwischenraum von 2 Drucktagen, in welchen Deutschland hätte unmöglich Zeit zum Beifallgeben gewinnen können: so wäre einiger Spaß erzielt worden; so aber erschien der Brief erbärmlicher und lächerlicher Weise erst nach einigen Blättern.

putz etc.) vermählt sich eigentlich als ein Wohllaut-*en* (n euphonicum) gleichsam als Eingebrachtes dem Grundwort an, aber gar nicht etwan als ein bloßer alter Genitiv; was ich in einem künftigen Briefe, wo ich dasselbe von Blumen behaupte, auf die Frauen anwenden werde. – Dieses Wohllaut-*en* nehmen auch die männlichen Einsylben, denen es ohnehin nötiger ist, in ihren Anfügungen an; wie Fürst, Graf, Bauer (z. B. statt ein Fürst- und Grafkind Fürsten- und Grafenkind), Held, Herr, Bär, Narr, Pfau, Mohr, Ochs, Schöps, Strahl, Mensch, Christ. Daß dieses *en* weder die Mehrzahl aussprechen will, sehen Sie, Edelste, aus den Wörtern: eine Menschenstimme, ein Menschenzahn, ein Fürstensohn, noch auch den Genitiv anzeigen, dies erweisen die Wörter: Christen-, Frauenmensch, d. h. ein Mensch, der ein Christ, eine Frau ist. Nur die Neutra schließen sich an die Regelmäßigkeit der weiblichen Bestimmwörter, als Bett (weder Bettes- noch Betten-, sondern Bettmeister etc.), Hemd, Ohr und Herz. Von beiden letzten gehen in neuerer Zeit die Zusammensetzungen am öftersten regelmäßig, als Herzkammer, -schlag, -ohr; aber Ohr selber nur in Ohrfeige. Allein nichts setzt wohl einem Autor, der die Bestimmwörter in seinen Werken regelrecht reihen will, mehr zu als der *Staat*, der, nach der Regel unseres fünften Briefs, sich seinem Grundwort entweder ganz einfach oder mit dem Wohllaut-*en* anschließen sollte, der aber mit dem Raketen-*s* nachzischt in Staatsmann, Staatskunst und in allen Staatswörtern. Dieses nachlispelnde *s* kann nicht einmal im Scherze als das Doppel-*s* in *Sanctus* oder gar als das *s*, das man oft an Säle schreibt und welches *Silentium* bedeutet, meine Vortrefflichste, genommen und verteidigt werden.

Wahrscheinlich geht der Staat nur wegen seiner ausländischen Abkunft von *Status* (daher man auch in früheren Zeiten Stat geschrieben) wie gewöhnlich so undeutsch.

Vergeblich will Adelung das Wort Staat als Regierform von dem Worte Staat als Putzform durch das Schweig-*s* unterschieden wissen und dem Putze das *s* entziehen. Aber diesem ist es ebenso wenig abzuschneiden; in Staatskleid und Staatsmann sind Rang und Pracht unzertrennlich.[10] – Es sind dies wahre grammatische Verdrüßlichkeiten. Stets der Ihrige etc.

---

[10] Im Englischen werden beide nicht unterschieden: state-affair, Staatssache, state-room, Staatszimmer; über states-man weiter unten.

Sechster Brief

Die mehrsylbigen Bestimmwörter, die im Plurale unverändert bleiben

Baireuth den 21sten Juny 1817

Wie freut es mich, scharfsinnige Freundin, daß Sie meinen Scherz über den Staat von meinem Ernste scheiden! Auch ich bin der Meinung, daß wir jetzo Preßfreiheit genug in den gehörigen Schranken genießen, da wir fast über Gott und Menschen und alles schreiben, sagen, ja klagen dürfen, nur über wenige hohe Personen und höchste Stellen und deren Maßregeln nicht; aber auch sogar dies ist nur verboten, wenn solche ohnehin an sich sehr tadelhaft sind und die Sachen von selber sprechen; so wurde auch vor einigen zwanzig Jahren dem Landschaftmaler Klinsky aus Prag gern erlaubt, die ganze Landschaft um Töplitz aufzunehmen, jedoch bloß mit der natürlichen, von der Kriegskunst selber gefoderten Einschränkung, daß er aus seiner Landschaft Berge und Wälder, Flüsse und Täler ausließe. Ja in Zeiten großer Anstrengungen durfte man sogar ein Bedeutendes mehr zu schreiben erlauben, wie auf Schiffen die Matrosen, so lange sie den Anker aufwinden, das Stärkste sagen dürfen, sogar gegen Befehlhaber.[11] – –

Die zweisylbigen Bestimmwörter ohne Änderungen im Plural, darf ich sagen, Freundin, machen mir Freude, und ich fange ordentlich mit ihnen den Sommer an; denn jedes setzt sich schön *s*-los ans Grundwort, es sei von meinem oder Ihrem oder keinem Geschlechte, was ich sonst nicht von allen Bestimmwörtern rühmen kann. Beispiels wegen: Galgen, Wetter, Magen, Enkel, Zauber, Räuber, Wächter, Meister, Gärtner, Ritter, Richter, Spiegel, Mittel, Diener, Messer, Mörder, Schiefer, Priester, Doktor, Winter, Sommer, Igel, Schlüssel, Opfer, Körper, Schleier, Kupfer, Finger, Gipfel, Scheffel, Beutel, Nebel, Fehler, Wechsel, Gürtel, Wunder, Flügel, Knochen, Degen u.s.w. Trauen Sie nun aus der ganzen trefflichen Wörterfamilie, welches Wort Sie wollen, einem Grundwort an, kei-

---

[11] Wie sich versteht, so steht wörtlich diese Stelle so in der ersten Ausgabe im Morgenblatte von 1818. August S. 822.

nes bringt ein *s* in die Ehe, sondern man bekommt (um nach obiger Rangordnung anzufangen) Galgenholz, Wetterprophet, Magenschmerz, Enkelkind etc. Dasselbe ist auch von andern Zweisylben auf *el*, *er* und *en* zu rühmen, wenn ihnen auch die Mehrzahl gebricht; z. B. Schwindel, Kitzel, Tadel, Pöbel, Ekel, Hagel, Speichel – Silber, Hunger, Futter, Eiter, Donner – Eisen, Hopfen etc. Sogar dreisylbige Bestimmwörter auf *er* aus meiner sechsten Klasse benehmen sich vernünftig; erstlich sogar Ausländer, wie Minister, Magister, Trompeter, Prediger, Theater, Register, und vollends Inländer, wie Anfänger, Aufseher, Aufwärter, Gewitter etc. Auch die dreisylbigen Neutra mit Ge, als Gemälde, Gesinde, Getreide, Gebürge, Gewebe, Gebilde, Gelübde, und die Verkleiner-Wörter auf *chen*, als: ein *Mädchen*-Kopf, ein *Bändchen*-Abschnitt, reihen sich bandlos an.

Nur tritt uns hier, wie immer, der *Esel* samt dem *Teufel* entgegen; der eine verlangt seine Eselsohren etc. und der andere seine Teufelskinder etc., obgleich den Teufel sein einziger Reim *Zweifel* mehr an die Regel erinnern könnte. Zum Überflusse und Verdrusse werden Esel und Teufel noch gar von Engelsköpfen begleitet. Der *Himmel* will auch nicht nachbleiben, ungeachtet seines Himmelreichs und Himmelblau und Himmelbettes samt Himmelfahrt und Himmelhaut. *Hunger, Wasser* und *Feuer* werden in einigen wilden Ehen sich und der Regel untreu durch den falschen Schlangen- und Zischton. So wünscht' ich gleichfalls *Leben* und *Orden* zu ihrer Regel zu bekehren.[12] Rittersmann, Bauersmann sündigt gar noch gegen den Nominativ, wie etwan ein Wort wie *Zwergs*baum tun würde. – Ich bin ohne Übergang

Ihr etc.

---

[12] Hier verschiebe man seine Einwürfe bis auf die Lesung der 12 Postskripte.

Siebenter Brief

Die weiblichen Mehrsylben mit *n* in der Mehrzahl

Baireuth den 31. July 1817

Sollten Sie es glauben, Verehrte, daß sogar die weiblichen Zwei-sylben ihr Plural-*n* lieber den Grundwörtern opfern? Nehmen Sie z. B. Nadeln, Nudeln, Wachteln, Vipern, Steuern, Martern, Kam-mern, Disteln, Foltern, Achseln, Gabeln, Kugeln, Lebern, Adern, Windeln, Regeln, Federn, Schwestern, Mauern – und setzen Sie solche an etwas: bekommen Sie dann nicht: Nudel- und Nadelfab-rik, Achsel- und Steuerträger, Schwester- und Marterkammer? Aber ahmen hier nicht die weiblichen Zweisylben auf *el* und *er* das ganze Betragen der männlichen im vorigen Briefe nach? – Gewiß; aber es geht so weit, daß sogar die Zeitwörter auf ihren Hochzeiten mit Grundwörtern ihr Infinitiv-*n* so lustig wie jene ihr Mehrzahl-*n* wegwerfen; z. B. Lispelgewölbe, Polter-, Flattergeist, Dämmerlicht, Hänselgebräuche. – Nur der einfältige sperrige *Bauer* rennt gegen die *Mauer* und will in Gesellschaft sein Nein-N nicht aufgeben, so sehr ihm auch Vettern und Nachbarn in jedem Vetter- und Nach-barstaate zureden und mit ihren Beispielen vorschreiten; wenigs-tens hat er sich in Campe's Wörterbuch immer neben dem Rechten noch das Unrechte vorbehalten, Bauer*n*hof neben Bauerhof, Bau-er*n*dirne neben Bauerdirne etc.

Der ich übrigens verharre etc.

Achter Brief

Baireuth den 1. August 1817

Kaum hab' ich Ihnen gestern meine kleine Freude mitgeteilt, so kann ich schon in diesem Monate wieder eine bringen, nämlich daß die zweisylbigen Bestimmwörter mit dem Umlaut ganz wie die einsilbigen in unserm Jennerbriefe sich verhalten, gleichviel von welchem Geschlechte. Stoßen Sie an Väter, Brüder, Schnäbel, Äpfel, Sättel, Öfen, Vögel, Äcker, Nägel, Mäntel, Gärten, Klöster, Töchter, Mütter ein Grundwort an, sogleich hört die Mehrzahl auf (an ein Genitiv-s ist ohnehin nicht zu denken), und Sie haben: Vatermord, Ackergesetz, Mutterbruder, Sattelkammer, Tochtermann. Bin ich ohne Ursache und Grund ein Zeugefall-sfeind?

Ich bin aber mit Verehrung

der Ihrige.

Neunter Brief

Die Zweisylben mit *e* im Plural

Baireuth den 23. Sept. 1817

Noch immer, hohe Freundin, dauern Siege über das *s* fort, wenn gleich nicht immer mit gleichem Glanz. Die Jambus-Wörter beiderlei Geschlechts fügen sich gut: Gesang, Gewürz, Gestirn, Gebet, Gehirn, Gesetz, Geschütz, Gelenk, Gespräch, Gefäß, Gewicht, Gewinn, Geduld, Gewehr, Gehör – diese geben Gesangbuch, Gewürzinseln, Gehörnerven etc. Mit welchem Rechte zischen uns dann noch Geschäftsträger und Befehlshaber, Gesichts-, Geruchs-, Geschmacks- und Geschlechts- und Gerichts-schranken entgegen? Sogar die Ausländer, wie Metall, Fabrik, Kultur, Papier, Salat, Tabak, Quartier, Konzert, bekleiben an den Grundwörtern ohne *s*-Leim, und nur Distriktsräumung nach Edikts-Bekanntmachung steht erbärmlich allein da.

– Einige Jamben, die zwar im Plural *en* haben, deren aber viel zu wenige sind, als daß ich sie einer besonderen Fachklasse in Briefen an Sie, hohe Freundin, hatte wert halten wollen, führ' ich nur wegen ihrer guten Ehen zur Beschämung mancher andern Jamben an: *Gewalt*haber, *Gefahr*los, *Gestalt*reiz, vorzüglich um zu fragen, ob denn der klägliche Geburts- oder Geburzstuhl und Geburztag nicht in den sanften Geburtstuhl und noch sanftern Geburttag zu verwandeln ist. – In diesem neunten Briefe vom Herbstanfange erscheinen, Teuerste, noch einige Wörter, welche, ohne Jamben zu sein, doch richtig genug heiraten, wie: Abend, Honig, Pfennig, Käfig; nur *König* ausgenommen, welches Wort (wieder in Königreich ausgenommen) sich immer mit dem Genitiv-*s* behängt. Derselbe Beugefall klebt der Sylbe *ling* in Frühling, Jüngling, Liebling, Zögling, Zwilling, Drilling an. In einem meiner nächsten Briefe werd' ich mehr von dieser gewöhnlichen Regellosigkeit des Zeugefalls sprechen, aber nicht zu dessen Vorteil.

Ich bin, Freundin, etc.

Zehnter Brief

Die zweisylbigen männlichen Bestimmwörter mit *en* im Plural

Baireuth den 16. Oktober 1817

Im nächsten Briefe, schöne Freundin, werd' ich von den weiblichen Wörtern dieser Klasse schreiben; in diesem aber nur von den männlichen, weil der Gallustag zu einem langen Schreiben zu schön ist und zu kurz. Denn das letzte kann ich sein bei der Klasse der Wörter: Bube, Hase, Knabe, Löwe, Riese, Jude, Sklave, Schulze, Drache, Auge, Erbe, Funke, Same, Haufe etc., welche mit Verachtung des *s* bloß mit einem Wohllaut-*n* sich ans Grundwort fügen: Löwen-, Hasenfuß, Samenkorn, Schwedenkopf etc. Der leuchtende, brennende, oft sengende *Wolke* will aber das *n*, ja das *en* vertreiben und Hasfuß oder höchstens Hasefuß einführen, da nur, sagt er, von *einem* Hasen die Rede sei. Andere wollen das *en* gegen ihn decken und halten ihm vor, es sei offenbar das Genitiv-*en*, Fuß eines Hasen. Allein unter allen diesen dürfte wohl niemand Recht haben als ich allein; denn ich behaupte, keines von beiden ist richtig. Es ist erstlich kein Genitiv, sonst müßte man sagen: Augeslid, Augesfell, Funkenszieher, Samenskorn. Es ist zweitens kein Plural, weil man sonst nicht sprechen könnte: Augenlid und Samenkorn, Riesenmann; denn letztes heißt offenbar ein Mann, der ein Riese ist, wie Zwergbaum ein Baumzwerg ist. Sondern es ist nur das Wohlklang-*n*,[13] weil Löwschweif, Judkopf, Hasschwanz, Bubstück, Karpfsatz, Schützglied so abscheulich stark klänge, daß ein Deutscher es in Paris hören würde, wenn er dort wäre und gut parlierte. Aber über dieses Klang-*n* will ich mehr aus dem Grunde in dem nächsten Novemberbriefe sprechen, worin ich Sie, Reizendste, versichern werde, daß ich im Windmonat bin, wie jetzo im Weinmonat,

Ihr etc.

---

[13] In Augapfel ist dieses n weggeworfen, was nicht verstattet wäre, wenn es statt des Wohlklanges ein Beugzeichen des Genitivs oder der Mehrzahl wäre.

Eilfter Brief

Die zweisylbigen weiblichen Bestimmwörter mit *en* im Plural

Baireuth den 2. Nov. 1817

Das Nasloch fand ich, Verehrte, bei einigen Buchschreibern, welche, wie gewöhnlich, nur über das einzige Wort, das ihnen eben in die Feder gekommen, auf der Stelle des Papiers ein wenig grammatisch philosophierten und bald herausforschten, daß bei Nasenloch nur vom Loche nicht mehr als *einer* Nase die Rede sein könne; inzwischen ließen diese Schreiber die übrigen Wörter derselben Klasse, wie sie waren, und rochen mit dem Nasloch an ein Rosenblatt statt an ein Rosblatt und in eine Küchenstube anstatt in eine Küchstube. – Das sich leer schreibende und leer lesende Volk der Roman- und Almanachschreiber bedenkt im Erstaunen über den eignen Fund nicht, daß man in der Sprache über kein einzelnes Wort, ohne dessen ganze lange Sippschaft und die Hausverträge derselben zu kennen, etwas verfügen kann, über kein Bausteinchen ohne Übersicht des Sprachgebäudes. So setzen die weiblichen Doppelsylben, die im Plural ein *n* annehmen, gleich den männlichen des Oktoberbriefs sich an das Grundwort mit einem Wohllaut-*n*, z. B. Witwe, Nonne, Puppe, Lippe, Wange, Wunde, Asche, Staude, Nelke, Rose, Mode; diese haben folglich *Witwen-, Puppen-, Nonnen*stand etc. Der scharfe Wolke aber behauptet, dieses *en* müsse fort; denn entweder als Pluralzeichen sei es falsch, z. B. *Säulen*fuß, wo nur *eine* Säule, oder als veralteter Genitiv und Dativ, z. B. in *Höllen*fahrt, von dem alten Dativ »in der Höllen« anstatt »in der Hölle«. Aber es ist eben keines von beiden: z. B. Blumenpolype, Rosenmund bedeutet keinen Polypen und Mund von einer Blume oder von mehren, sondern einen, der eine ist, also den Nominativ; folglich sei – fährt Wolke fort, weil er meine gegenwärtigen Einwendungen in diesem Briefe noch nicht gelesen – bei allen Zusammenfügungen nicht nur das *n*, auch das *e* wegzuwerfen nach den Beispielen, die uns die Sprache längst gegeben, z. B. in Schulbuch, nicht Schulenbuch, Seelsorger, nicht Seelensorger, Mühlrad, nicht Mühlenrad. – Aber ich flehe hier Wolken, wie ich schon im Oktoberbriefe versucht, meine Freundin, zu bedenken an, zu welcher Disharmonika sich unsere Sprache verstummen würde, wenn man – aber lieber möchte ich mich mit dem Rücken an die Klaviatur einer mit allen Bälgen und Registern gezogenen Orgel andrücken und dem Durcheinanderheulen zuhören, als es in Dichtern vernehmen, wenn man einführte: der Katz-, Ratt- oder Ratzschwanz, der Roswangreiz (statt Rosenwangenreiz), das Pupp-, Nonn-, Witw-, Wanzbein, der Büchsschaft. – – Ach und wen würde man mehr entblättern als die Blumen, Rosen, Nelken, Tulpen, Lilien, Rauten, Kressen! Denn an den Blumennamen flattert mein Wohllaut-*en* wie ein Blättchen mehr. Auf der andern oder Wolkeschen Seite, wo ihm die Wörter zu Gebote stehen, die seit Jahrhunderten dem *n* entsagt, kenn' ich wieder nichts Veränderlicheres als eben diese Wörter mit ihren Entsagungen; wir haben *Kirchen*rat und doch *Schul*rat – *Kutsch*bock und doch *Kutschen*rad – *Seel*sorger und doch *Seelen*kraft – *Mühl*stein und doch *Mühlen*gang. – Ich wäre durchgängig für das *n* da, wo mit ihm der Wohllaut fehlte, also lieber z. B. *Kutschen*bock als *Kutsch*bock, lieber *Kirschen*baum als *Kirsch*baum.

Hier und heute, glaub' ich, kann ich, liebwürdigste Gönnerin, am besten auf einen besondern Haß und *horror naturalis* der Deutschen hindeuten; und dieser betrifft das *e*, gerade jenen dünnstimmigen Selblauter, den wieder die Franzosen überall bald als Harem-Stummen den weiblichen Hauptwörtern, bald als einen Vorlauter und Vorsänger den männlichen und den Zeitwörtern mitgeben. Wir werfen das *e* aus den Zeitwörtern (steh'n, steh't) – wir schneiden es dem Dativ ab – oder aus dem Genitiv heraus (Geld's) – wir verschlucken es in Partizipien (geles'ne) – wir nehmen die Sichel des Apostrophs und quieszieren es, baierisch zu reden, überall durch ein Häkchen – Dichter stoßen gar als Nachtigallen mitten im Gesange auf dasselbe wie auf Gewürm herab und schnappen es weg – Dinte, worein man einige Hippokrene gegossen, ist ordentlich das *eau epilatoire* zum Ausbeizen dieses Buchstäbchens oder Häkchens – Kurz ich finde einen allgemeinen Federkrieg gegen den Selblauter, eine freie Pürsch gegen dieses Schwa, wie sonst eine christliche gegen die Hebräer gewesen. – –

Die Ursache aber ist, daß er sich ebenso häufig wie diese unter uns fortgepflanzt. – Wohin ich nur sehe, gerat' ich auf dieses deutsche Schwa. – Den Entziffer-Kanzleien plaudert er die Geheimnisschrift am ersten aus, weil er am häufigsten dasitzt. – Kaufen Sie von einem Schriftgießer vier Zentner klein Cicero, so bekommen Sie nur 4900 Fraktur-a, dagegen aber 11 000 Fraktur-e. – Wie klagen nicht Wolke und Radlof (sie wollen vergeblich helfen) einstimmig darüber, daß er seit Jahrhunderten in die herrlichen Selblauter, wie gewiß *a* und *o* sind, als ein Wurm gekrochen und sie ausgehöhlt und entmannt oder vielmehr sich ihnen wie ein *Croup* an die Kehle gesetzt, daß sie kleinlaut und heiser geworden,[14] so wie er selber nur Erbärmliches, z. B. Wehe, Flehen, Enge, ausspricht. – Bei- und Mitleid hab' ich daher mit dem Vokal nicht im Geringsten, wenn ihn (vielleicht eben deshalb) sonst die Holländer, wie Asmus die Nachdruckerehrlichkeit, verkehrt gedruckt und geschrieben,[15] wie etwa, nur aber barbarisch genug, die Römer durch Umkehrung des Anfangbuchstaben eines Namens das weibliche Geschlecht bezeichnet haben.

Aber ich komme zu den Doppelwörtern unserer Briefe zurück. Der deutsche Groll gegen das *e* offenbart sich am stärksten in der volkreichsten Klasse derselben, die den Jennerbrief einnimmt, indem er lieber eine falsche Einzahl ausspricht, als mit *e* die richtige Mehrzahl zuläßt, z. B. Bäumeschule, Füßebank, Zähnepulver, Träumebuch; – desgleichen in der zweiten Klasse des Februarbriefes, wo bloß das *e* wegen Fischefang, Steinesammlung, Schafeherde nicht erscheinen dürfen;[16] nur einige wenige auf *d* ausgenommen, wie Hund und Pferd, in welchen das *e* als erweichendes Mittel das Erharten verhüten soll. – Gerade so wird in Liebesbrief, damit das weiche *b* durch das *e* erhalten und dieses doch nicht vorlaut werde, ein *s* eingeschlichtet, welches ich für meine Person gar nicht annehme, indem ich unbeschwert aus *Liebe*dienerei zusammenfüge Liebebrief (wie der Engländer *love-letter*), so wie Wärme-, Kältegrad, und nicht Wärmes-, Kältesgrad.

– Nur *ein* Bestimmwort ließen die guten alten Deutschen in allen Trauungen mit Grundwörtern stehen, wie es stand, ohne ein *e* ab-

---

[14] Z. B. Rauher, Pachter, Burger, jetzo Räuber, Pächter, Bürger; sonst Romer, jetzo Römer. An die Zeit der Altfranken darf man gar nicht denken, wo selbst selbo hieß, ich redete ih redota, erfüllte gifullta.

[15] Kramers niederdeutsche Grammatik.

[16] Man leite diese Wortfügung aus keiner Abneigung gegen die Mehrzahl her; denn dieser huldigt die Sprache in den Fällen, wo die Mehrzahl kein e, sondern ein er hat, sogar dann freigebig und gegen den Befehl des Sinns, wo die Einzahl regieren müßte, z. B. in Kälbermagen, Kindermörderin.

zuschneiden oder ein Napoleon-*n* pluraliter einzurücken – und gerade ein Wort, das aus zwei *e*'s hintereinander besteht (denn was will das *h* sagen?) –: es ist das Wort *Ehe*, das eigentlich Bund bedeutet. Nur noch eine größere grammatische Galanterie gibt es in unserer Sprache, das Wort *Brautpaar*, das den Bräutigam ganz in die Braut auflöst und verschmelzt.

Sie sehen übrigens aus allem, edle Freundin, daß in dieser Wörterklasse es fast wie im Windmonat selber, wo ich darüber schreibe, zugeht und ein Wind gegen den andern in *einem* Wort sich entgegenweht, z. B. in Ehre – *Ehren*amt und *Ehr*liebe. Im nächsten und letzten Briefe und Monate wird es nicht besser gehen, sondern noch viel schlimmer, ich aber werde bleiben

Ihr etc.

Zwölfter Brief

Die Bestimmwörter mit den Endsylben *keit, heit, schaft, ung, tum, ion*

Baireuth den 22. Dez. 1817

Freundin! Ich wußt' es voraus, daß meine Wörtervolkzählungen mir den schlimmsten Bodensatz aufheben würden; und den bring' ich hier fast verdrießlich. Wohin sind die schönen Monate und Briefe, wo ich Ihnen lauter vernünftig-heiratende Bestimmwörter vorzuführen hatte! So entfliegt alles auf unserer entfliegenden Kugel, und das Zerbrechlichste auf ihr sind Flügel selber. Verzeihen Sie dem kürzesten Tage die kleine Nacht dieser Klage! – Gerade das männliche Genitiv-*s*, das bisher nur wenigen männlichen Bestimmwörtern sich anzuhäkeln wagte, hängt sich ganz dreist hinter allen weiblichen Bestimmwörtern an, welche Endsylben von *heit, keit, ung, schaft, haftigkeit, schaftlichkeit* oder gar das fremde *ion* haben; und so begleitet es denn die Wahrheits- und Wahrhaftigkeitsliebe, Wissenschaftsliebe und Wissenschaftlichkeitsliebe und Ordnungs- und Populationsliebe.

Warum sollen nun gerade diese an sich nicht weichen weiblichen Nachsylben durch das männliche *s* zu Amazonen werden und heiz, keiz, afz, unx, onz klingen, indes die sanften auf *ei* (Tändelei), *in* (Königin), *is* (Begräbnis), *el* (Nadel) dieses rauhe Bart-*s* von sich abwehren? Gibt dieses letzte nicht schon ein Recht, solche bärtige Sylben rein und glatt zu scheren?

Am meisten sperret sich das an den alten Übelklang verwöhnte Ohr gegen den neuen Wohlklang. Briefschreiber dieses hat leider selbst eines, das durch seinen politischen Glanztitel Legationsrat so verfälscht und verdreht geworden – weil es gerade nichts so oft hört als diese Zions –, daß ihm das falsche Kommunionsbuch nicht anstößiger sein würde als das rechte Legationrat. Ein ganz anderes weicheres Ohr würde er in Dresden tragen, wo nach der mehr als hundertjährigen Gerichtsprache alle Räte, Kommission-, Legation- und andere Räte, ohne das harte männliche Zeugefall-*s* geschrieben werden.[17] Seinem Dresdner Ohre würden dann auch leichter die *Legion*steine bei Mainz und das *Relation*papier in Schlesien eingehen und der *Religion*friede (der noch in Wagenseils Erziehung eines Prinzen vorkommt), so wie Motion-men, Revolution-society etc. und die übrigen britischen s-losen oder Sanctus-losen Matrosenehen aller Wörter auf ion.

Indes wird der Starrsinn und Widerstand des Ohrs, welchem neue Wohllaute schlechter klingen als alte Übellaute, noch durch einen Nebenumstand genährt. Es wird nämlich das Einschieb-s am liebsten langen Bestimmwörtern zugegeben; daher Wörter, die einzeln es verschmähen, es doch annehmen, wenn sie sich nach dem Anfange hin vergrößern; z. B. Nachttraum mit einem Vorwort vergrößert wird Sommernachtstraum. Ja oft setzt eine bloße neue Vordersylbe desselben Worts einen s-Schimmel an; z. B. Rockknopf und Überrocksknopf. Glaube man nur aber nicht, daß dieses s-Anhängsel etwa als Abtrennzeichen mehrfacher Bestimmwörter, um sie vom Grundwort schärfer zu sondern, dastehe; denn erstlich fehlt es ebenso häufig ganz langen regelrechten, z. B. in Hofmeisteramt, und zweitens hängt es sich in manchen Wörtern an das frühere Bestimmwort, und nicht an das letzte, z. B. in Wahrheitstempeldienst.

Aber das Ohr ist gegen alle diese Lichter taub. Je länger das Bestimmwort ist, das mit einem s verzischt, und je länger folglich das Ohr darauf warten müssen, desto heißer fodert es sein s. Z. B. Wahrheitliebe statt Wahrheitsliebe läßt sich das gedachte Glied noch gefallen, aber Wahrhaftigkeitliebe, wo es um zwei Sylben länger auf den Schlangen-Mitlauter vergeblich gepaßt, oder gar Wissenschaftlichkeitliebe will ihm durchaus nicht ein.

---

[17] Siehe Wolke's Anleit zur deutschen Gesamtsprache etc., Seite 335, wo sogar berichtet wird, daß der Kommissionrat Riem den Setzer seines Aufsatzes im Reichsanzeiger, der gutmeinend seinen Titel mit dem Einschiebessen dieses Mitlauters bezeichnet hatte, zur Strafe des Umdrucks auf Setzers Kosten verurteilen wollte. Wie sehr ist Verfasser dieses ein Lamm dagegen, das ruhig die Sünden aller Setzer trägt und bloß eine Ergänzlevana drucken läßt, welche in zwanglosen Heften (das erste Heft ist schon da) die verschiedenen Druckfehler seiner Werke herausgibt, ein Werkchen, das indessen nur durch die freiwilligen Beiträge der Setzer, wie Weidmanns Meßkatalog nur durch die verschiednen Buchhändler, fortdauern kann.

Nachdem ich Ihnen, freundliche Gönnerin, schon eilf Monate lang zu Ihrer Entscheidung die Beweise vorgetragen, daß dieses *s*, das mir (wie ich ihm) zusetzt, den Genitiv nur vorzuspiegeln oder sich an die Stelle der rechten casus einzuschwärzen pflegt: so brauch' ich jetzt am Ende des Jahrs wohl nicht erst dessen unerlaubtes Andringen an rein weibliche Endsylben wie keit, heit, ung zu rügen. Das *s* sündigt offenbar zweimal: erstlich kommt und fehlt es nach Gefallen, z. B. in *kraft*los und doch *hoffnungs*los; oder wenn es sich weiblichen Wurzelwörtern selber nicht anzukleben getraut, z. B. in *Zeit*leben, und sich doch in *Zeitlichkeits*leben eindrängt. Noch flatterhafter handelt dieses Nachzügler-*s*, daß es einen Genitiv in Doppelwörtern aussprechen will, wo höchstens ein verschwiegener Dativ gedanklich wäre, z. B. Konstitutions-, Freiheits-, Standesgemäß oder Verfassungswidrig.

Was nun gar das letzte Beispiel betrifft, so frag' ich: gibt es denn nirgends ein Mittel, die *ungs*, diese Sprach-Unken, die auf jedem Blatte nisten und schreien, und deren in der großtönenden Römersprache nur zwei oder drei sitzen und desto mehr auffallen – deunx, quincunx und septunx –, aus unserer Sprache herauszutreiben? Allerdings; man führe nur die alten ursprünglichen Wohlklänge wieder in unser Deutsch zurück, aus welchem sie, gleich den Hugenotten, gegen das Ende des 17ten Jahrhunderts durch diese Franz-Umlaute verdrungen worden. Noch haben wir in Beziehungen der körperlichen Zeitwörter die schönern Formen behalten und sagen: Ziehseil statt Ziehungsseil, Hörrohr, Riech-, Schmeck-, Tastsinn, Bindwort, Merkwort, Brennholz, Backhering, Trinkgeld, Fühlfaden, Leuchtkugel, Brennpunkt, Drehorgel, Tretrad, Traurede, Fallbrücke, Steigbügel, Schwimmschule; sogar das verkürzte Rechen- und Zeichenschule statt Rechnungs- und Zeichnungsschule.

Aber warum wollen wir nicht ähnliche Abkürzungen auch Zeitwörtern mit Vorsylben erlauben und so nach Ziehbrunnen uns Erziehlehre und Entziehlehre bilden, so wie Harsdörfer Erquickstunden und der Sprachgebrauch schon nach Stecknadel Vorsteckblume, Aufsteckkleid, Vorhängschloß, Vorlegeblatt und -schloß, Verfall- und Bedenkzeit, Gedenkverse hat? – Warum statt Regierungsräte und Regierungsblätter nicht lieber Regierräte und Regierblätter, nach Analogie von Purgier-, Laxiermitteln, Vexierschlössern? – Ich frage aber mit Recht, Gönnerin, warum man etwas bloß darum nicht einführen soll, weil es *ein* Jahrhundert vor dem achtzehnten schon wirklich eingeführt gewesen. Denn einer unserer kräftigsten Sprachforscher *Radlof,* führt solche bessere Formen aus alten Schriftstellern zur Wiedernahme[18] an: z. B. Bestallbrief, Versicher-, Entscheidbrief bei Oefelius – Verweis-, Verbietbrief bei Haltaus – Vergrößerglas bei König (1668) – Linderbalsam bei Stieler – und so Ausbesserlohn, Lieferzettel. Wenn Sie vollends, meine Gnädige, noch aus *Trendelenburg,* diesem bekannten Kenner der griechischen Sprache, sich auf dessen Bemerkung entsinnen, daß die Griechen, welche uns sonst mit den schönsten, kühnsten Wörter-Ehen vorleuchten und vorglänzen, doch keine Doppelwörter aus Verbum und Substantiv zu bilden vermochten, wie die vorigen Beispiele von Brennpunkt, Trinkgeld: so werden Sie gewiß wünschen, daß wir das kleine Freiheitbriefchen zu Wortvereinen, das wir vor den freien Griechen voraus haben, möglichst benützen.

– Und so hätt' ich denn, nie genug zu ehrende Freundin, den langen Gang, ja Jahr-Gang durch die deutsche Sprache an Ihrem Arme mit Vergnügen gemacht, um Ihnen überall rechts und links mit Fingern zu zeigen, daß die deutschen Doppel- oder Zwilling- und Drillingwörter sich ohne den reibenden *s*-Bast zusammenfügen und zu *eins* gestalten können. Nur hab' ich unter zwölf Klassen und Briefen gerade mit der schlimmsten Klasse meinen Jahr- und Briefwechsel zugleich beendiget, ähnlich dem Jahre, das sich von jeher mit dem Wetter-Ruprecht, oder ähnlich dem vorigen Jahrhundert, das sich und die Freiheit und Gleichheit mit dem gallischen Kaiser abschloß. Was mich aber in einer so dürren Sache am schönsten bisher erfrischte, ist ohne Frage der Beifall, womit Sie mein Bestreben, durch Briefe das Trockne angenehm einzuflößen, haben belohnen wollen. Niemand fühlet freilich stärker als ich, wie sehr ein solcher Beifall mehr den gewandtern Schriftstellern unter uns gehört, welche die schwierigsten Punkte der Stern-, der Pflanzen-, der Götterlehre schön und leicht in Briefe verpacken und darin versenden, indem sie an den Anfang die warme feststehende Anrede an eine Freundin stellen, wie altfürstliche Dekrete den Fürstentitel mit stehenden Drucklettern, und dann, wie diese, die neuen Sachen mit Dinte bringen. Indes wenn meine matte Einkleidung einen Beifall

---

[18] Dessen Trefflichkeiten der süddeutschen Mundarten S. 195.

wie den Ihrigen erhält: so darf sie wohl auf einen zweiten noch gewisser bei andern Leserinnen rechnen; daher bitt' ich Sie um die Erlaubnis, diese Briefe für den öffentlichen Gebrauch im Morgenblatte zu benützen und so die Leserinnen angenehmer zu meiner bescheidnen Notwehr und geharnischten Nachschrift gegen grammatische Anfechter hin zu geleiten. Im Morgenblatte selber kann ihnen die Notwehr und Nachschrift von neuem versüßt werden durch Zerstücken in recht viele Blätter, welches gerade bei Untersuchungen so wohl tut als bei Erzählungen weh; denn bei diesen gleicht man dem eingekerkerten Löwen, welcher *ein* Pfund Fleisch allein nicht verdauen kann, aber wohl sieben auf einmal.

Möchten Sie in die zwölf Briefe auch manche Sprachirrlehrer blicken lassen, die sich vielleicht in Ihrer reizenden Nähe am leichtesten bekehren! – Es ist Pflicht, unsere auf knarrenden und kreischenden Mitlautern daherziehende Sprache wenigstens von dem Genitiv-*s*, als einem fünften Knarrad am Wagen, zu befreien und die Musik der Selblauter nach Vermögen vom Mitlautergekreische zu entfernen. Wenn Radlof die Konsonanten mit Recht Mannlaute, die Vokale aber Weiblaute nennt: so kann ich von Ihnen fodern, mich nachzuahmen und gleich mir die weiblichen Laute in Schutz zu nehmen.

So hoff' und schließ' ich heute am 22sten Dezember; es wird aber mehre Monate geben als den letzten dieses Jahres, um Sie noch ferner zu versichern, wie sehr ich bin

Ihr

Dr. J. P. Fr. Richter,
Legationrat.

Bescheidene Notwehr und geharnischte Nachschrift gegen grammatische Anfechter

Der Leser erlaube mir, die in mehren Briefen auseinander liegenden zwölf Klassen der Doppelwörter für die freiere volle Übersicht nebeneinander darzustellen.[19]

I. Einsylbige Bestimmwörter

Erster Aufsatz oder Jennerbrief. 1. Mit *e* und Umlaut im Plural: Baum, Bäume, Baumschule.

Zweiter oder Februarbrief. 2. Mit *e* ohne Umlaut: Berg, Berge, Bergkette.

Dritter oder Märzbrief. 3. Ohne Plural: Vieh, Viehzucht.

Vierter oder Aprilbrief. 4. Mit *er* und Umlaut im Plural, Faß, Fässer, Faßbinder, und mit *er* ohne Umlaut: Feld, Felder, Feldbau.

Fünfter oder Maibrief. 5. Mit *en* im Plural: Last, Lasten, Lastträger, wovon aber die männlichen das *en* in die Zusammensetzung hineinnehmen: Graf, Grafen, Grafensohn.

II. Mehrsylbige Bestimmwörter

Sechster oder Junybrief. 6. Die vom Plural unveränderten: der Schiefer, die Schiefer, Schieferdach.

Siebenter oder Julybrief. 7. Die weiblichen auf *l* mit *n* im Plural: Nadel, Nadeln, Nadelbrief.

Achter oder Augustbrief. 8. Mit einem bloßen Umlaut im Plural: Vogel, Vögel, Vogelherd.

---

[19] Ich kann nicht genug ausdrücken, wie wichtig diese Tabelle für die ganze Untersuchung ist. Überall wird ja in den Postskripten und sonst auf sie hingewiesen, und zwar bloß mit einem Worte, z. B. Jennerbrief, erste Klasse und man bekommt damit die Ansicht der ganzen Klasse vor. Ja, vielleicht wär' es gut gewesen, wenn ich die Tabelle, wie ich anfangs gewollt, hinten als ein langes herauszuschlagendes und einzuheftendes Blatt wieder hätte drucken lassen, ich bitte daher den ernstlichen Sprachforscher, wenigstens durch ein langes Eselohr oder dickes Papierblatt sich das Benutzen der Tabelle zu erleichtern.

Neunter oder Septemberbrief: 9. Mit einem *e* im Plural: Gewehr, Gewehre, Gewehrkammer.

Zehnter oder Oktoberbrief. 10. Männliche auf *e* mit einem *n* im Plural: Riese, Riesen, Riesenkopf.

Eilfter oder Novemberbrief. 11. Weibliche auf *e* mit einem *n* im Plural, wovon ein Teil es in der Zusammensetzung wegwirft: Sache, Sachen, Sachregister; der größere es behält: Blume, Blumen, Blumenblatt.

Zwölfter oder Dezemberbrief. 12. Die Bestimmwörter auf *heit, keit, schaft, ung, ion* nehmen in der Zusammensetzung, wie Wahrheitsliebe, Legationsrat etc., gerade das *s* an, wogegen die ganze Tabelle und meine zwölf Briefe an eine vornehme Dame geschrieben worden.

Gesetzt, die Bemühung des Verfassers, dieses falsche *s* durch den Petalismus seiner Blätter deutschen Landes zu verweisen, würde durch keine Stimmenmehrheit belohnt und unterstützt: so hält er doch seine Mühe für keine vergebliche, da er in die Wildnis von 30 000 Bestimmwörtern zwölf leichte Gänge gezogen, auf welchen sich sogar der Ausländer, sobald er seinen deutschen Plural eingelernt hat, zurechtfinden kann bei allen Zusammensetzungen. Sollte dem Verfasser Beifall und Nachfolge entgehen: so behält er doch den Anspruch, das bedeutendste Stück einer deutschen Sprachlehre geliefert zu haben, auf deren Ausarbeitung die baierische Regierung vor einigen Jahren einen noch uneroberten Preis von 200 Karolin gesetzt, für welchen der künftige Gewinner und Gekrönte ihm einige schriftliche Erkenntlichkeit schuldig sein wird.

Wolke hat bewiesen, daß Griechen und Römer und Goten und Slaven und Altdeutsche nicht den Genitiv zum Bindmittel der Doppelwörter gebraucht.[20]

Unsere leibliche Geschwistersprache, die sich außer Landes in die Franzosen hineingeheiratet, die englische, will in ihren Wörterehen selten oder gar nicht von einem Genitiv-*s* hören, das sie sonst den Eigennamen so seltsam anhängt, und die nächste Tochtersprache

---

[20] Dessen Anleit zur deutschen Gesamtsprache etc. S. 326.

ihrer Muttersprache, die holländische, hat Zusammensetzungen wie diese: Vorsten-slaap-kamer-deur-hoeder (Fürstenschlafkammertürhüter). Aber wozu weitere Beweise! Gerade meine volkreichsten Klassen schließen das S bei ihren Verbindungen aus, und die übrigen wenigen lassen nur ein *n, en* und *er* zu, die 12te oder Judasklasse allein ausgenommen, welche weiblichen Wörtern den Judasbart eines Zeugefall-*s* anhängt.

Jetzo, nachdem die Wörter in ihre stimmgebenden Klassen, welche allein eine Regel gegen die Ausnahme und Fehler durch- und festsetzen, abgeteilt worden, wird einem Gegner der Kunstgriff verwehrt, aus der Breite aller Klassen die wildfremden Ausnahmen auf einen Haufen zu treiben und sie vor dem Leser, dem nicht alle Klassen gegenwärtig vorschweben, mit einem Schein in Reih und Glied zu stellen, als ob sie an und für sich eine stimmgebende Regelklasse ausmachten, indes sie in meinen zwölf Briefen als vereinzelte wenige, in die verschiedenen Regimenter untergesteckte Rebellen alle ihre Kraft verlieren. Sollte man nicht zwanzig Untreue mit tausend Treuen schlagen und das von der Mehrheit alter Rechtbildungen erzogne und gestimmte Ohr nicht mit der Annahme einiger neuern Zurechtbildungen versöhnen können? – Fachordnen der Wörter ist in der Sprache so notwendig als (sind anders die Ausdrücke erlaubt) in der Papiermühle (und im Staatgebäude ohnehin) das Sortieren (Auslesen) der Lumpen; aber so wie nichts schwerer ist, als Regeln zu finden, so ist nichts leichter, als Ausnahmen zu werben, weil zu jenen erst die Menge, zu diesen schon ein Zufallwort ausreicht; jedoch einige von mir übersehene Independenten stoßen die Verfassung nicht um. Auch stelle man eine Ausnahme, die sich und ihr Unkraut-*s* etwa durch Wohlklang oder besondern Nebensinn zu rechtfertigen scheint, nicht gegen meine Regelklasse als einen Einwand auf, da ich in derselben Klasse sogleich zehn andere Wörter, welche jenem Klang und Sinn zum Trotze rechtgläubig und rechtgehend geblieben, entgegensetzen will. Z. B. Pferd, Hund bleiben, wie alle Bestimmwörter der zweiten Klasse, in der Anfügung unverändert. Folglich entschuldigen Pferdedecke, Pferdeschmuck sich vergeblich mit ihrem Wohlklange; denn sonst müßte Pferddieb, Pferdschweif, Pferdturnier sich ihm nachabändern.

Die Sprache ist ein logischer Organismus, der sich seine Glieder nach so geistigen Gesetzen zubildet und einverleibt als der leibliche sich die seinigen nach zusammengesetztern; aber wie dieser treibt auch er zuweilen regellose Überbeine, sechs Finger und Gliederschwämme aus dem Regelleibe heraus, nur daß wir hier als freiere Geister das Ausschneiden und das Verwelkenlassen der Aus- und Fehlwüchse ganz in unserer Gewalt und Willkür haben.

An der deutschen Sprache – für welche wir Schreiber sämtlich, da sie uns in Europa als der einzige Mond der griechischen Sonne nachglänzt, dem Himmel nicht genug danken können, deren weite Freiheit wir aber gerade durch eine undankbar faule Schrankenlosigkeit mißbrauchen und verunstalten – an ihr sollten wir die europäische Seltenheit, daß einem Vielworte durch bloßes Versetzen der Wortglieder, wie einer Zahlreihe, neue Bedeutungen zu erteilen sind, als eine grammatische Buchstabenrechnung wärmer schätzen und heiliger bewahren. Ich wähle aus der Nähe das Drilling-Wort Mondscheinlust. Dieses gibt durch ein Wörter-Anagramm immer einen neuen Sinn in sechs neuen Wortbildungen: Mondscheinlust, Lustmondschein, Scheinmondlust (durch sogenannte Transparents), Lustscheinmond, Scheinlustmond, Mondlustschein. Mischt der geduldige Leser die Quadrupelalliance eines vierwörtlichen Worts, z. B. Maulbeerbaumfrucht, so erhält er nach der mathematischen Kombinierregel (das Urwort mit eingeschlossen) vierundzwanzig Wörter; und versetzt er gar, sooft als es mathematisch möglich ist, wie südliche Staaten ihre Diener, ein fünf Mann hohes Wort, wie z. B. Haushofmeisteramtsachen oder Regenbogenhauteiterbeule, so gewinnt er hundertundzwanzig gute und elende Wörter, womit ich jedoch das Morgenblatt nicht schmücken will.

Ich komme nun auf die beiden Hauptzwecke, weswegen ich die mühsamen Studien des ganzen Aufsatzes und die Briefe an eine vornehme Dame gemacht. Der eine betrifft die Wege, diese scheinbare Neuerung einzuführen und der Sprache einzuimpfen, nicht als einen Krankheitstoff, sondern als einen alten gesunden Zweig.

Mein andrer Hauptzweck ist, so bald wie möglich so gut widerlegt zu werden, daß ich nicht ein Wort mehr sagen kann.

Das Erste, die Einführung der richtigen Doppelwörter, haben Schriftsteller zwar weniger gegen das Volk – aus dessen vielkehligem Munde schwer die Wörter Wirtshaus, Kriegskasse, Staatsrat werden zu nehmen sein –, aber wohl gegen Schriftsteller selber in der Gewalt; und sind diese bekehrt, so wird die kleine s-Stürmerei auch bald die lesenden Sprechklassen ergreifen.

Wurde denn die alte Unrechtschreibung Undt, Strasse, Sammpt, Lannd anders als bloß durch schreibende, nicht sprechende Gültigkeiten (Autoritäten) verdrungen und ausgeschnitten? Freilich galt es dort Ausrottung nur geschriebener Mitlauter, hier aber ausgesprochener; allein wenn sogar die ausgesprochenen Selblauter der ältesten deutschen Sprache, die herrlichen *o* und *u* und *a* und *au*, sich in Mitlauter und höchstens in dünne e, ö, ä, äu verloren haben, so wird wohl doch ein elender schlangenstummer Zischlauter wie das *s*, nach der Verjagung der Könige, abzusetzen sein durch ein oder ein Paar tausend Schreiber, die sich dazu vereinigen unter Wolke's Fahne. Freilich bloß das Publikum entscheidet und sagt bei diesen Trauungen, wie in England der Küster bei menschlichen, das Amen, ja es befiehlt, wo es zu gehorchen scheint, wie der Feldmarschall Suwarow seinen Untergeordneten gehorsam war, wenn sie ihm etwas im Namen des Feldmarschalls befahlen.

Die Schriftsteller sind die Zöglinge ihrer Amme, der Sprache; aber die Milchbrüder zeugen und bilden wieder Ammen. Wer von ihnen bringt nun eine grammatische Altneuerung oder ein Neualtes am besten in Gang? Am wenigsten der Dichter, der zwar leicht neue Weltansichten und allgemeine Stimmungen verbreitet, aber ungern und daher selten eine Sprachänderung weiterträgt, da deren unzeitiges Hervortreten den freien runden Eindruck seiner Gestalten entstellt. Aber besser vermögen es die Zeitungschreiber, welchen man erstlich jedes Deutsch verzeiht, und welche zweitens als die größten Vielschreiber Ohr und Auge durch das Wiederholen bändigen und versöhnen. Da nun der Bundtag in ihnen so gut ein stehender Artikel ist als in Frankfurt: so könnte der gedachte Tag viel für mich und Wolke tun. Ich habe schon im Jennerbriefe an die vornehme Dame meine Hoffnungen geäußert, daß er in der deutschen Geschäftsprache durch seinen Einfluß am leichtesten ihre Wässerigkeit austrocknen könne, welche uns bei den Ausländern einen besondern Namen macht, so wie wir Deutschen uns überhaupt *auf* die Flüsse, nicht bloß *in* ihnen taufen ließen.[21] Denn jetzo bei dem ersten diplomatischen Gebrauche wird jener gewiß die so blutig wiedererkaufte und von uns den Völkern so vorgelobte Deutschsprache durch Ründe und Kürze so glänzen lassen, daß genug davon durch französische und englische Übersetzung durchschimmert. Aber dann kann er noch lieber und leichter das Kleine, die Doppelwörter, als Wortbündner gegen jede Einmischung eines fremden bundwidrigen Buchstabens beschützen und uns, wie Brockes ein langes Gedicht von 70 Versen ohne *r* so Verhandlungen ohne den Schlangenlaut *s* verleihen.

Hinter den Zeitungen könnten noch – außer den philosophischen, chemischen und andern wissenschaftlichen Werken, die überhaupt allen Ohren trotzen, den tauben und langen wie den verwöhnten – die Literaturzeitungen und Wochenblätter[22] eingreifen, wenn die Mitarbeiter einwilligten, daß aus der Redaktion die Bestimmwörter nicht anders als aus England die Pferde auslaufen dürften, nämlich englisiert, d. h. geschwänzt. Nur woher redliche Setzer nehmen, die unaufhörlich schwänzen? – Alsdann möchten die verbesserten Doppelwörter unangehalten in die historischen Werke einziehen, um endlich als Eingebürgerte und durch Ahnen, d. h. durch Jahre Geadelte Zutritt in die größten Heldengedichte zu bekommen und götter-tafel-fähig zu sein. Nur sperre man sich gegen die *richtigern* Wortfügungen nicht aus dem dürftigen Grunde, weil unsere *klassischen* Schriftsteller, wie Goethe, mit den unrichtigen ihre ewigen Grazien umgeben haben, welche durch Neuerungen, sagt man, veralten und erbleichen würden. Aber ihren Glanz raubt und gibt kein einzelner Buchstabe, und Goethe bleibt, der er ist, wenn man von ihm das sanctus-*s*, wie ich den Buchstaben *s* oben genannt, wegdenkt. Welche ganz andere tiefere und breitere Veränderungen der Sprache ließen uns dennoch den Genuß des Nibelungen-Liedes unverwehrt! Und warum soll denn ein frisches, fortlebendes, gleich den Naturfrühlingen fortgebärendes Volk wie das deutsche sich in seiner Schöpferkraft aufhalten lassen, bloß weil einige Genien ein

---

[21] Die deutschen Völker nannten sich gerne nach ihren Flüssen, wie Longolius bemerkt in Tac. Germ. c. XXXVI. Not. K.

[22] Das Morgenblatt fing schon vor Jahren an und brauchte bloß wieder fortzufahren.

halbes Jahrhundert lang geschaffen haben? Weiß denn ein Sterblicher, wie weit hinaus die Erdenzukunft fortwächst, und wie viele Jahrtausende mit allen ihren Genien und deren Fruchtkörben und Füllhörnern noch nachkommen? – Da wird der Buchbinder- oder Buchmacherkleister der Doppelwörter wohl das Winzigste sein, womit unsere jetzigen Göttersöhne des Pindus-Olymp abstoßen oder anziehen.

Wolke – der freilich ebenso oft eine niedergießende, einschlagende als befruchtende, aufrichtende Wolke ist – erlaubt den Dichtern die Freiheit, den Zeugefall als eine Notsylbe in reine Wörterehen einzuschieben gegen die Regel. Ich kann ihm diese Erlaubnis nicht als Willkürlichkeit und Notbehelf vorrücken; denn die Dichter haben ja schon vor seiner und unserer Einwilligung im Sylbenmaße bei gewöhnlichen Doppelwörtern ohne Genitiv, z. B. Berggipfel, nach Bergesgipfeln gegriffen.

In der Tat bedarf es dazu nichts Größeres, als was sich der Deutsche bei jeder Neuerung mit Recht zuerst ausbedingt, nämlich Zeit, die er reichlicher als irgendein Volk wünschen muß, weil er täglich die Erfahrung macht, daß er bloß aus Mangel einer hinlänglich langen die wichtigsten Verbesserungen nur im Kopf und nicht in Händen hat. So sind wir z. B. gegenwärtig von mehr als einem Moses herrlich aus den tyrannischen Adlerklauen der Ägypter befreit worden; aber freilich die vierzig Jahre sind noch nicht vorüber, welche unsere Gesetzgeber und Moses uns, wie der jüdische seinen Wanderstaat, in der Wüste herumziehen zu lassen haben, bevor wir sämtlich abgegangen sind und unsere Kinder das gelobte Land der Verfassung wirklich erreichen. Große Fehler der deutschen Staaten – z. B. der Nachdruck, der Mangel an Volkvertretung, Knechtschaft der Zeitungen, die Unrecht-Pflege, über welche noch immer der große Jurist Pontius Pilatus zu lesen scheint[23] – werden mit Recht nicht sogleich in der Stunde der Einsicht derselben aufgehoben, sondern die Strafe für alle deutsche Fehler besteht eben darin, daß

---

[23] Es kann redlichen Sachwaltern, Justizkommissarien, Land- und andern Richtern nicht unangenehm zu erfahren sein, daß ein Mann wie Pontius Pilatus, der den Heiligsten nicht verdammte, sondern seine Hände rein wusch und das Kreuzigen bloß durch andere geschehen ließ, in Huesca in Aragonien wirklicher Professor der Jurisprudenz gewesen und daß sein Katheder noch zu sehen ist. Brohm in Nr. 252 des Morgenblatts von 1809.

man sie noch eine Zeitlang fortsetzen muß, so wie die Mainzerin, welche Schimpfworte gegen den König Rudolf ausgestoßen, da sie ihn für einen gemeinen Soldaten angesehen, nicht anders gezüchtigt wurde als dadurch, daß sie solche vor dem Throne zu wiederholen hatte. Überhaupt wird der klare politische Heilkünstler sich am wenigsten von dem guten Arzte unterscheiden, welcher stets das Wechselfieber eine Zeitlang dauern läßt, eh' er mit Arzneien dagegen eingreift; oder von dem magnetischen, der, wie Dr. Kieser rät, den stärksten Krämpfen erst eine Viertelstunde lang zusieht, eh' er sie wegstreicht. Und warum sollen die Obern sich zu allem Wichtigen nicht recht viele Zeit nehmen, da es an Zeit ja gerade am wenigsten mangelt? Und stehen nicht ganze Jahrhunderte zur Verfügung der Obern in der Zukunft? –

Schon in funfzig Jahren aber, meint Wolke, dürfte die neue Verfassung eingeführt sein; er meint nämlich die der Doppelwörter.

Inzwischen wünscht' ich doch eine andere Sache noch früher, nämlich eine gänzliche Widerlegung aller meiner Behauptungen, falls sie irrig wären; und die Erfüllung dieses Wunsches ist eben mein oben gedachter zweiter Hauptzweck. Nur ists ein Unglück für die Sache und noch mehr für die ganze deutsche Sprache überhaupt, daß man leichter ein Dutzend griechische und römische Sprachkenner auftreibt als einen einzigen deutschen; und ein Adelung, Fulda, Anton, Klopstock, Voß, Wolke, Radlof, Grimm etc. sind sparsam in einzelne Jahrzehende, in einzelne Beete auseinander gesäet. Denn freilich ist der deutsche Sprachschatz nur in kleinerer Gesellschaft, und zwar mühsamer und langweiliger zu heben – aus den düstern Schachten einer unscheinbaren Schreibwelt – als der griechische oben auf den heitern Musenbergen, wohinauf noch dazu alle Völker und Jahrhunderte ihre Mitarbeiter schicken. Daher findet jeder fremd-klassische Philologe eher seinen Kunst- und Sprachrichter als der einheimische; und noch erwarten heute Wolke's Sprachschriften, besonders der Anleit mit seiner etymologischen Ausbeute, die ersten Probier- und Perlenwaagen ihres Gehalts.

Ich bitte nun die Sprachkenner, wenigstens mich so schnell als möglich zu widerlegen und, wenns sein kann, noch in diesem Herbste, da ich Jahr ein Jahr aus meine Bücher schreibe und so die

Sprachketzerei – wenn nämlich eine dargetan würde – unaufhörlich auf allen Blättern wiedergebäre. Wenige machen sich von den Schweißtropfen einen Begriff, mit welchen der Verfasser dieses aus den vier neuen Bänden des Siebenkäs die falschen S ausackerte und gegen diese Ameisenhaufen einen Bradleyschen Ameisenpflug führte. Sollt' er aber gar an Auflagen dickerer oder an Ausgaben sämtlicher Werke geraten: so weiß er seiner Mühe kein Ende und ist doch schlechten Danks gewärtig; und es ist wohl zu verzeihen, wenn er oft wünscht, er wäre ganz und gar nicht der Meinung von Wolke. Gleichwohl ist dieses Schreib-Elend noch nicht so groß als das mögliche größere, daß er nämlich mit allen seinen Gründen und Briefen zwar gründlich widerlegt würde, aber viel zu spät, so daß er nun in einer dritten, zurück bessernden Auflage, z. B. des Sieben-käs, alles Ausgestrichne sorgsam wieder einzutragen und zu rehabilitieren und unzählige *Miracula restitutionis* zu verrichten hätte. – Ihn grauset.

Soll er indes dazu bestimmt sein, widerlegt und überwogen zu werden, so bittet er seine verschiedenen Widersacher und Sprachfreunde noch außer der Eile und Höflichkeit, ja um eine größere, als sonst Sprachforschern, sogar einem Kolbe, natürlich inwohnt. Ist doch gegenwärtiger armer Verfasser in denen Punkten, wo man Wolke für einen grammatischen Sündenerlöser anerkennen will, nichts weiter als dessen elfter Apostel und genießt folglich nur die Ehre der Nachfolge, nicht der Stiftung; wie müßt' ers daher doppelt fühlen, wenn er als ein zweiter Petrus, nachdem er einem und dem andern Malchus das Ohr, wenn nicht abgehauen, doch abgekürzt hätte, zuletzt noch sollte gekreuzigt werden mit dem Kopfe nach unten!

Einige Grobheit indes geht leicht durch, und mäßiges Anfahren, Anbellen, Anschnauben und Anschnauzen verträgt sich gern mit dem alten Herkommen, daß die, welche sich nicht in *Sachen* (wie Mathematiker, Ärzte, Physiker) vertiefen, sondern (wie Sprachforscher, Philologen, Grammatiker) sich über *Wörter* verbreiten, von letzten die sogenannten Schimpfwörter am meisten verwenden, so daß sogar die Stare und die Papageien, die nichts als Sprachen treiben, ihr Talent zum Schimpfen verbrauchen, wodurch wenigstens ihre Sprachlehrer sich aussprechen. Die Sprache nehmen viele Staatlehrer als die Völkerscheide an; und so lass' ich sie auch als die

Humanisten-Scheide gelten. Dafür findet man auf der andern Seite bei keinem Sachgelehrten ein solches heißes gegenseitiges lateinisches Loben – es hält dem lateinischen Schimpfen das Gleichgewicht – als bei den Sprachgelehrten, zumal zwischen schwachen Meistern und schwachen Schülern, welche sich vor der Welt herzlich und entzückt die Hände drücken, aus demselben Grunde, weswegen sich (nach Kotzebue's kluger Bemerkung) so oft die Schauspieler bei den Händen gefaßt behalten, damit sie nämlich nicht damit zu agieren brauchen.

Inzwischen wie stark auch Humanisten auf ihren Bundtagen in vertraulichen Besprechungen in der Abwesenheit gegen den gegenwärtigen Verfasser etwa stimmen möchten, ja wenn sie ganz und gar vergäßen, daß unter allen Widerlegungen die mildeste die eindringlichste ist, weil eine solche nur die Sache, nicht den Sachwalter angreift, der also keinen Grund, sich dagegen zu verhärten, bekommt, so wie ein Bohrer eben nur durch Öl ins Metall eingeht; wenn sie daher den guten offnen Schlüssel, womit ich den Sprachschatz aufgeschlossen, bloß, wie Pariser die Schlüssel, zum Auspfeifen gebrauchten: so werd' ich weiter nichts sagen als: »Meinetwegen bellt oder – seid ihr jünger – belfert! – Bin ich denn nicht seit Jahren in Baireuth ein aufgenommenes Mitglied der deutschen Gesellschaft in Berlin,[24] und liefer' ich hier nicht pflichtmäßig, obwohl ziemlich spät, die erste Streit- und Probeschrift und Disputation pro loco über die deutsche Sprache? Werden dann aber Mitglieder wie Wolke, Jahn, Zeune, Heinsius nicht ihr neues Mitglied gegen den ersten Anfall verteidigen, da seine Grundsätze ihre sind?« – Täten sie es nicht: so müßte das Mitglied die Gesellschaft verteidigen, da ihre seine sind.

---

[24] Der Verfasser dies ist es den 29sten März 1816 geworden und bringt hier also einen späten, obwohl langen Dank.

Zwölf Postskripte

Erstes Postskript[25]

Übergang von mir zur Sache

Baireuth den 20. August 1819

Ihre gnädige Erlaubnis, ehrwürdige Kanonissin, meine zwölf Briefe über die Doppelwörter im Morgenblatte abdrucken zu lassen, hat niemand mehr Freude gemacht als mir selber. Es tut einem armen Gelehrten so wohl, deutsche höhere Personen, zumal des schönern Geschlechts, ordentlich anzureden, sowohl mit Feder als mit Zunge, und sie in seine Familienfeste der Gelehrsamkeit zu ziehen; – er vergleicht sich stolz mit dem ärmern Franzosen, welcher einen König von Frankreich nie anreden so wie zu keinem Privatbesuche bitten darf. Personen des höchsten Ranges so von ihren weltwichtigen Beschäftigungen ihres hohen Ranges zu bloßen gelehrten herabsteigen zu sehen, dies gibt dem mitarbeitenden Gelehrten ein so frohes und stolzes Gefühl, als sonst etwan einen Drechslermeister durchdringen mußte, wenn er Prinzen des östreichischen Hauses auf der Schnitzbank und unter Hobelspänen von Kinderspielsachen sitzen fand. –

So haben Sie, meine Gnädige, sich zu meinen zwölf grammatischen Briefen herabgelassen und sie, ich darf es sagen, durch Ihren Beifall zu ebenso vielen gekrönten Preisschriften erhoben. Desto mehr halt' ichs für meine Pflicht, Briefe, denen Sie Ihr Ja geschenkt, gegen jedes gelehrte Nein zu verteidigen in Postskripten. Wie gern verdient man nach dem Orden der eisernen Krone, den Sie für Briefe verliehen, den Orden des eisernen Kreuzes durch Nachschriften, die gehörig verfechten.

Mögen Sie mir aber doch vorher, gnädige Kanonissin, in Ihrer nächsten Antwort wieder wie bei den Briefen die Erlaubnis erteilen, die Postskripte durch Druck – aber nicht im Morgenblatte, sondern

---

25 Der Sprachreiniger verzeihe den undeutschen, aber bestimmtem Ausdruck Postskript; denn »Nachschrift« hätte sich ebenso gut auf Schrift als auf Brief beziehen lassen.

in einem besondern Büchelchen – bekannt zu machen, weil mirs sonst wenig hälfe, wenn ich meine Gegner noch so gründlich auf dem Postpapier angriffe und vielleicht umwürfe, sie selber aber nichts davon erführen auf dem Druck- und Fließpapier.

Erlauben Sie mir nun, Gütigste, daß ich vor allen meine Gegner in Klassen teile, und zwar in zwei (so viel bring' ich im Ganzen zusammen), in die, welche gegen mich hat drucken lassen, und in die andere, die bloß an mich geschrieben. Die erste besteht aus dem Herrn Professor *Docen* in der Eos und aus dem Herrn Grimm im Hermes; die zweite aber aus dem Herrn Hofrat *Thiersch* nebst dem Herrn Pastor *Rink* in Venedig und Herrn Prof. G–d.

Eh' ich mich in meine Gefechte einlasse, verstatten Sie mir, Gütigste, nur mit einigen Worten meine Freude über die wohltätigen Folgen auszudrücken, welche meine zwölf Tafel-Briefe gleich anfangs, da sie noch unabgedruckt in die gelehrte Welt geschickt wurden, in der letzten gehabt, und zwar Folgen, die ganz allein mich selber betrafen, indem ich durch sie einen Titel mehr bekam. Als ich nämlich im July 1818 nach dem glänzenden Frankfurt reisete, nahm ich als mein eigner Brieffelleisenfahrer die Briefe für das Morgenblatt mit, teils um etwas am Porto, teils auch an Belehrung zu gewinnen, wenn ich unterwegs einige gelehrte Urteile einholte. Ich ließ die Briefe einigen rühmlichst bekannten Mitgliedern des trefflichen Frankfurter Gelehrtenvereins für deutsche Sprache lesen; und hatte das Glück, nicht nur mehre gründliche Einwürfe – in den Postskripten soll ihnen begegnet werden –, sondern auch am 12ten Brachmonat die Aufnahme zu einem wirklichen Mitgliede des Gelehrtenvereins zu erhalten, so daß ich gegenwärtig fünf Titel habe, wenn ich mich ganz unterschreiben soll. Denn im Jahre 1799 den 2ten August wurd' ich, wie bekannt, zum Legationrat von Hildburghausen erhoben, was mein allererster Titel war – Dann im Jahre 1809 wurd' ich am 2ten April zu einem Ehrenmitgliede des Frankfurter Muesums gewählt – Erst später 1816 den 29sten März erklärte die Berlinische Gesellschaft der deutschen Sprache mich für ihr Mitglied – Und schon im Jahr darauf den 8ten August wurd' ich in Heidelberg gar zum Doktor der Philosophie sowohl als zum Magister aller sieben freien Künste kreiert und promoviert – Und endlich, wie gesagt, wurd' ich in Frankfurt ein gelehrtes Mitglied für das Deutsche. – –

Mögen doch ja Ihre Gnaden keinen Augenblick mutmaßen, als wollt' ich mich vor Ihnen mit meinen fünf Titel-Treffern – zu deren Aufzählung ich ganz andere Gründe habe – aufblähen. Wahrlich, wer sich gegen den Professor Friedrich Pohl in Leipzig hält, der sich auf allen seinen Heften über die Landwirtschaft unterschreiben kann:

> Ordentlicher Professor der Ökonomie und Technologie zu Leipzig, vormals Ökonomie-Inspektor –
>
> Der Königl. Sächsischen ökonomischen Gesellschaft Leipziger Abteilung z. Z. Sekretär –
>
> Der kameralistischen Gesellschaft Präses –
>
> Der großherzogl. Sächs. Sozietät für die gesamte Mineralogie zu Jena und der naturforschenden Gesellschaft zu Halle auswärtiges vortragendes Mitglied –
>
> Der herzogl. Mecklenburgischen landwirtschaftlichen Gesellschaft zu Rostock Ehrenmitglied –
>
> Der Thüringischen Landwirtschaftgesellschaft zu Langensalza Ehrenmitglied –
>
> Der Altenburgischen botanischen Gesellschaft und des Baierischen landwirtschaftlichen Vereins korrespondierendes Mitglied –
>
> Der k. k. Mährisch-Schlesischen Gesellschaft des Ackerbaues, der Natur- und Länderkunde wie auch einiger andern landwirtschaftlichen und naturhistorischen Verbindungen wirkliches und Ehrenmitglied und Korrespondent etc. etc. etc.

ich sagte, wer seine Titel gegen solche hält – hinter welchen noch vollends die etc. etc. etc. oder die »Und so weiter«, gleichsam die Etcaeterati des Endlichen stehen, bei welchen sich leicht denken läßt, was Pohl noch sonst sein muß –, der wird eher verdrießlich als aufgeblasen. Denn was heißt dagegen ein elendes Cinquarambole-Spiel von fünf Titulaturen? In solchen Fällen ists kein Wunder, wenn der Mensch nach neuen Titeln greift, wo er nur einen sitzen sieht... So will ich denn vor Ihnen, gnädige Kanonissin, kein Geheimnis daraus machen, daß ich wenigstens noch einen sechsten Titel – es ist doch etwas –, den ich schon über 15 Jahre im

Verborgnen führe, künftig öffentlich tragen kann und will, und zwar in diesem Postskripte zuerst und später vor Ihnen, Gnädige, mündlich im September, wo ich endlich des Glückes teilhaftig werde, Sie auf Ihrem Landsitze und unter Ihrer hohen Umgebung, welche wohl einige Titel von mir bloßen Privaten zum Umgange fodern kann, zu besuchen und zu erblicken.

Mein sechster Titel ist, edle Kanonissin, Kanonikus oder Präbendarius.

Als ich nämlich im Jahre 1801 bei Seiner Majestät dem Könige von Preußen ein Bittschreiben um ein Kanonikat oder eine Präbende eingereicht: so erhielt ich den 12ten Mai die für mich so erfreuliche Resolution und Versprechung, daß ich in die Liste der künftigen Präbendarien eingetragen worden.

Und fünf Jahre später darauf, als ich mein Bittschreiben wiederholte, wurde mir 1805 den 18ten März die vorige Resolution und Versprechung erneuert und bestätigt, daß meine Bitte, wenn ich an die Reihe käme, würde erfüllt werden.

Und dies ist für mich in Rücksicht eines Titels hinreichend; denn ob gleich der mit Recht an den Helena-Felsen geschmiedete Prometheus, der sein Feuer nicht von dem Himmel, sondern aus der Hölle stahl, mir außer manchem andern Schaden – z. B. der Einquartierungen – auch den zufügte, daß er die meisten preußischen Kanonikate an seinen Bruder vergab, und mir also später aus diesen und verwandten Gründen bis jetzo nichts gegeben wurde: so kann doch dieser Mangel bloß äußerlicher Einkünfte nicht hindern, daß ich nach einem doppelt bestätigten Versprechen und Willen einstweilen mich für einen Ehren- oder Titular-Kanonikus ansehe und geltend mache, gerade so wie ich ein Titular-Gesandtschaftrat des hildburghausischen Hofes bin, ohne einen Posten und ohne Depeschen und Silbergeräte.

Und dies wäre denn der Rechtstitel meines sechsten Titels, eines Fahrens mit Sechsen für einen Autor, der gern eine coccinella *sex punctata* vorstellen will. Man sieht wenigstens, daß der Mensch täglich steigt, wenn auch nur wenig. Betrachtet man sich oder andere mit den anklebenden Titeln: so findet man sich mit einigem Vergnügen dem lettischen Diminutive ähnelnd, aber nach entgegengesetzter Richtung; wie nämlich (Merkeln zufolge) der Lette das Diminutiv bis zum vierten Grade verkleinern kann und z. B. aus *brahlitis*, Brüderchen (*brahlis* ist Bruder) *brahlutis*, kleines Brüderchen, aus diesem wieder *brahlulitis*, ganz kleines Brüderchen, und endlich daraus *brahluliusch*, noch kleineres Brüderchen, zu bilden vermag: so wird nach dem Titel-Rinforzando das Große unaufhörlich vergrößert; Rat wird gesteigert von Rat zu Rat bis zu Geheimrat, ja wirklichem Geheimrat, und gleichförmig heckt das Wohledelgeboren Hochedelgeboren aus, dieses dann Wohlgeboren, letztes Hochwohlgeboren und dieses endlich Hochgeboren.

– – Euer Hochgeboren werden das unerwartete Einmischen meiner Persönlichkeit in eine Sprachlehre leichter nachsehen, wenn Sie bedenken, daß solches ohnehin in der eigenen Lebensbeschreibung, die doch nicht zu vermeiden ist, sich lagern muß, und breiter dazu. Überhaupt der Gelehrte, der nichts Seidenes in Knopflöchern, nichts Gestirntes auf Rockklappen und nichts von Schlüsseln hinten in Rockfalten zu führen hat, dieser muß wohl, wenn er ehrliebend ist, sich nach dem Papiergeld und Papieradel bloßer Titel bei Mangel an wahrer Reallehre von Kreuzen und Sternen und Schlüsseln umsehen; ein Unterschied von Ehren, der unter Nominal- und Realinjurien nicht größer ist, sondern ebenso groß. Der Mann von Stand hat an seinen Sternen und Kreuzen eine *hypothekarische* Sicherheit der Ehre; aber der bloße Mann von Verstand oder von noch Weniger kann auf Seine Titel und Diplome nur eine *chirographische* fundieren. Hier muß er sich nun helfen. Der Mann kann seinen Titel, der ihn präsentieren und repräsentieren soll, nicht selber ersetzen – so wenig als sonst in Frankfurt bei der Kaiserwahl ein Kurfürst durch persönliche Anwesenheit den Gesandten ersetzen konnte, den er zur Wahl abzuschicken hatte –, aber leichter kann der Titel den Mann vertreten. Je mehr nun ein Gelehrter zu sein glaubt, ein desto zahlreicheres Gesandten- oder Titel-Personale, das ihn vorstellen muß, hat er zu wählen; und durch *Menge* der Titel ist, wie ich und *Pohl* zeigen, der *Größe* derselben einigermaßen nachzuhelfen. –

Übrigens erwart' ich nichts als das zweite Postskript, um über die Doppelwörter wirklich zu schreiben. Ich werde mit den Siegen über meine Widersacher und mit den Zusätzen für meine Anhänger gerade fertig sein, wann das herrlichste Herbstwetter eintritt und ich dann zu Ihnen, Gönnerin, abreise, um vor Ihren Augen mehr als *einen* blauen Himmel zu genießen. Ich weiß nicht, wie es kommt, aber eben fährt mein wetterprophetischer Geist in mich und befiehlt mir, daß ich das künftige Wetter, da es so heiter ausfällt, auch andern zum Vorgenusse wahrsagend mitteile. Es ist nämlich der ganze September schön, folglich wird es auch der erste oder der Egydiustag, der jenen bekanntlich bestimmt. Aber der Egydiustag würde nicht heiter werden, wären es nicht vorher die zwei letzten Tage des Augusts, welche den September nach den urältesten Bauerregeln entscheiden. Daraus folgt nun, daß auch der 28ste August das schönste Wetter verleiht, weil dann das erste Mondviertel eintritt, das nach Quatremère-Disjonval über die Regierung des nächsten Mondlaufs das Hauptsächlichste weissagt. Natürlicher Weise gehen die fünf ersten Tage des Neumonds vorher, wovon nach einer alten und längst ins Lateinische übersetzten Regel der erste und zweite Tag nichts beweisen, der dritte aber schon etwas bestimmt, endlich der vierte und fünfte alles entscheiden, welche beide folglich im gegenwärtigen Falle, wo das schöne Wetter, ärztlich zu reden, schon angezeigt ist, wieder nichts anders sein können als schön. Daß es heute den 20sten August regnet, ist eben recht gut, denn es ist der erste Neumondtag, der nichts bedeutet. – Wie hoffend aber unterschreib' ich mich als Ihren

Kanonikus
J. P. Fr. Richter!

Zweites Postskript

Rechtfertigung des Fachordnens der Doppelwörter nach dem Plural – schärfere Bestimmung ihrer Natur

Baireuth den 21. August 1819

Zuerst, Gnädige, wollen die wenigsten Gegner aus meinem Fachordnen nach der Mehrzahl so viel machen als ich. Herr *Grimm* z. B. schrieb im Hermes, ich brächte ganz unähnliche Wörter wie Held, Graf, Tat etc. in *eine* Klasse, welche in den ältesten Zeiten sehr verschieden von einander gebogen worden. Uns alle gehen aber nur die neuesten Zeiten an, nicht die stummen alten, sondern nur die lauten neuen. Sonst könnte Herr Grimm mir mit ähnlichem Recht die untergegangnen zwölf deutschen Deklinationen samt ihren mehrfachem Beugefällen (casus) entgegensetzen; aber davon künftig mehr, wenn ich ihn widerlege.

Indes lassen Sie mich auch immer die unähnlichsten Wörter aller Art in dem nämlichen Plurale versammeln: was such' ich denn eigentlich damit? Ich will bloß der grammatische Ritter Linnäus sein, welcher so viele tausend Bestimmwörter in zwölf Klassen, wie sein botanischer Vorfahrer in Schweden noch mehrere tausend Pflanzen in 24 Klassen, durch leichte, aber scharfe Abzeichen absonderte und auseinander sperrte; ich durch das Abzeichen der Mehrzahl, welche gewöhnlich alle Beugefälle eines Wortes entscheidet,[26] und der Ritter durch das der Staubfäden, ebenfalls Väter der Mehrzahl. Denn bei ihm rückt Gleichzahl der Staubfäden oft auch die unähnlichsten Gewächse zusammen, wie z. B. zwei Staubfäden den Pfeffer zu dem Jasmin, oder fünf Staubfäden die Ulme zu dem Gänsefuß, oder es wirft die Ungleichzahl die ähnlichen auseinander, wie sie z. B. den Rosmarin mit zwei Staubfäden von dem Lavendel mit *einem* Staubfaden trennt. Ja ich gebe meine Plurale bloß für Nummerhölzer aus, womit man Gewächse bezeichnet, und die wenigstens dem fremden Lehrling der Sprache zu Wegzeigern dienen können. Sogar ein Widersacher meiner Sache und der Liebhaber der

---

[26] Und ist es denn gar zu willkürlich abgeteilt, wenn ich von Wörtern, die einander gleich sich deklinieren, was mir der Plural des Nominativs ansagt, voraussetze, daß sie ebenso einander gleich sich anschließen?

Ausnahmen kann durch mich letzte zum Gebrauche in leichterer Übersicht vor sich finden. Bisher wurden die Zusammensetz-Weisen durcheinander geworfen und alle die Unterschiede nicht aufgezählt und geordnet, die durch Wurzelwörter und Einsylben, durch Mehrsylben, durch den Umlaut und durch die Geschlechter entstehen.

Es schlage mir doch einer – der mir den Ruhm eines grammatischen Ritters von Linnée verkümmern will, wie es leider dem schwedischen auch geschehen von Buffon und andern – nur bessere Einteilgründe vor. Denn weder die *Genitive*, noch die *Anhängsylben* wären dergleichen; und weiter gibts nichts.

Aus Genitiven waren darum keine Fächer zu zimmern, weil die weiblichen Wörter keine haben, und die männlichen streng genommen nur drei Unterschiede – *s*, *n* und *ens* – hergeben. – Einteilungen der Bestimmwörter nach Vor- und Nachsylben würden erstlich meine ersten fünf Klassen der Einsylben gar nicht berührt haben; zweitens wären unter den Mehrsylben auch die sechste, siebente, achte weggeblieben; in der neunten hätten die Vorhängsel *ge* und *ver* den vorigen gefolgt, bloß *ling* ausgenommen; und erst die *10te*, *11te* und *12te* hätte uns einige Unterschiede gegeben.

Möchten doch meine Gegner in verschiedenen Hauptstädten meinem Fachwerk etwas Besseres entgegensetzen, nämlich ein neues, anstatt ihrer Unzufriedenheit; – und ich bitte sie geradezu darum in diesem Postskripte, Gnädige, weil ich weiß, daß Sie dessen Druck erlauben werden und es vor feindliche Augen gelangen kann! – Eine noch wissenschaftlichere Abteilung der Bestimmwörter ist jetzo nach der meinigen um vieles durch die einfachern Wege erleichtert, auf welchen den Quellen der einzelnen Ausnahmen nachzusteigen ist. –

Noch will ich, Verehrte, in diesem Postskripte das reine Verhältnis des Bestimmwortes zum Grundworte im Allgemeinen festsetzen und so erst den Boden selber ausmessen und umzäunen, bevor ich in spätern Postskripten das Kraut und Unkraut einzelner Einwürfe entweder ausraufe, oder versetze und behacke.

In meinem Jennerbrief von 1817 beschrieb ich zwar das Bestimmwort als ein verstärktes Adjektiv oder Beiwort; aber vom 1. Jenner 1817 an bis zum 21. August 1819 kam ich allmählich so weit, daß ich einsah, wie wenig ich damit vor anderthalb Jahren gesagt. Jedes Bestimmen ist Beschränken; das Bestimmwort folglich ist Einschränkung des Grundworts, indem es die Gattung desselben in die Art, oder die Art in die Unterart, oder überhaupt das Allgemeine in das Besondere verwandelt. Z. B. aus *Schule* überhaupt wird durch das Bestimmwort *Baum* die Unterart *Baumschule*; es gibt viele *Bänder*, aber ein *Hals*band ist eine Besonderheit derselben. Daher kann ein Grundwort, sobald es ein Einzelwesen bezeichnet und also den höchsten Grad der Bestimmung schon an sich trägt, keine mehr durch ein Bestimmwort annehmen; und man kann nicht gut sagen: der *Spott-Sokrates*, der *Weisheits-Sokrates*, ausgenommen etwa wo das Einzelwesen selber sich noch entzweiet und teilt, so daß man sagen könnte: der *Gott*-Christus, der *Mensch*-Christus. Hingegen das Einzelwesen selber eignet sich desto schärfer zu einem Bestimm- und Einschränkworte, z. B. Christus zu Christuskopf. Zwar beschränkt an sich jedes Beiwort sein Hauptwort, z. B. in feuriger Wolke; aber erst das Bestimmwort *Feuer* macht *Feuer*wolke zu einer besondern Wolkenklasse. Dazu kommt noch nebenher, daß die Sprache in der größten Armut an sinnlichen Adjektiven lebt, bei allem Reichtum an übersinnlichen. Ziehen Sie z. B. nur den ersten Jennerbrief aus Ihrer Schreiblade: so werden Sie in seinen ersten Beispielen finden, daß wir von Kranz, Kahn, Stall, Saal, Topf, Frosch, Hut, Pflug, Stuhl keine Beiwörter gebildet haben und wir also statt kranziger oder kranzhafter Zierde sagen müssen Kranzzierde u.s.w. Auch die wenigen sinnlichen Beiwörter, die wir besitzen, treten nur schief und flach an die Stelle ordentlicher Bestimmwörter, z. B. hölzerner, holziger Apfel statt Holzapfel; oder öliger, ölhafter Trank statt Öltrank.

Das sonst einschränkende Adjektiv muß, wenn man es als Grundwort gebraucht, sich wieder beschränken lassen durch sein Bestimmwort, sei dieses nun selber ein Adjektiv oder ein Hauptwort; z. B. in *groß*augig oder in *blut*durstig wird aus dem Mancherlei von Auge und Durst durch *groß* und *Blut* der engere Ausschuß gehoben.

Diese einschränkende Verwandlung des Hauptwortes ist aber weder durch den Genitiv noch den Dativ des Bestimmwortes noch durch eine vermittelnde Präposition zu erreichen. *Gipfel* ist in »*Baumgipfel*« zu etwas Bestimmtern geworden als in »*Gipfel des*

Baumes« oder in »*Baumes Gipfel*«. Ferner im Dativ ist »ein den Göttern gleicher Geist« nicht so entschieden und abgeschieden als »ein *göttergleicher* Geist«. Endlich wird durch die Präposition in »*Predigt auf* dem Berge« oder »*Scheu vor* dem Wasser« nichts von den eng abgeschloßnen Wörtern »Bergpredigt« oder »Wasserscheu« ersetzt. –

Ebenso ist *Zart*gefühl mehr selbständig und abgesondert als *zartes* Gefühl, so wie *Sehrohr* mehr als Rohr zum Sehen; dort wurde das Adjektiv und hier das Zeitwort zu einem Bestimmwort zugeschnitten.

Da das Bestimmwort ganz in das Grundwort zerschmelzen und verwachsen soll und sich eigentlich nur *ein* Wort zur Anschauung darstellt, so daß die Bestimmwörter nur *Vorsylben* des Grundwortes ausmachen, wie *Ver* bei *Ver*-Mögen und *Un-ver*-Mögen: so hat das Grundwort nichts an den Bestimmwörtern zu regieren – es wäre ebenso viel, als wollt' es sich selber regieren –, sondern diese müssen vielmehr selber alle Kennzeichen eigner Ständigkeit und Unterwürfigkeit sogar bis zur Verstümmelung wegwerfen. Sie danken, wo es nötig ist, drei Genitiv-*s* ab, z. B. Steinobstbaumzweig – alle Dativ-*n*, z. B. götterähnliche – alle Präpositionen, z. B. Brettspiel, wasserdicht, feuerfest, Walfischboot, Dampfschiff[27] – die Infinitiven der Zeitwörter, z. B. Lernbegierde – die Enden der Adjektive, z. B. Frohgefühl – sogar die Adjektive ihr *wie*, z. B. luchsaugig, armdick, pechschwarz – und häufig die Zeichen der Mehrzahl, z. B. Uhrmacher, Fußbad.

Dieselbe Entfernung aller Regierinsignien dauert noch fort, wenn sogar ein Doppelwort zum Bestimmwort eines zweiten Doppelworts gezwungen, ja wenn zwei, drei Doppelwörter zu bloßen Bestimmwörtern eines letzten Grundworts zusammengetrieben werden; z. B. das Doppelwort »Regenbogen« wird Bestimmwort in

---

[27] Tretet an das Dampfschiff und zählt, was an seinem Namen ausgelassen worden, der heißen sollte: Schiff mit Dampf (getrieben). Kehrt ihr es um und sagt Schiffdampf, so ist bloß zu ergänzen: Dampf des Schiffs. So ersetzt denn in einem Sammworte der bloße Wechsel der Stellung eines Wortes bald Genitiv, bald Präposition und eine lange Umschreibung. Welche lange wird nicht verschwiegen im Worte »Walfischboot«, das nicht durch Boot des Walfisches oder Boot gegen, für den Walfisch zu ergänzen ist!

Regenbogenfarbenglanz, so Blattlaus in Blattlausschlupfwespe; nicht zu erwähnen der Adjektiven wie pechschwarz-haarig, matt-blau-augig. Einer setze statt meines obigen Steinobstbaumzweig einmal Steinesobstesbaumeszweig oder gar – wie die Franzosen durch den *article partitif* – Zweig von Baum mit Obst voll Stein und schaue dann die matte Anschauung an, die er vom Zweige bekommen. Je mehre Bestimmwörter, desto schneller und folglich abgerundeter müssen sie dem Grundworte zurollen, um sich alle im Brennpunkt *eines* Begriffs zu verdichten.

Wie die Bestimmwörter, Verehrteste, eilen und fliegen müssen, um ihren Hofkreis schnell um das Grundwort als ihren Fürsten zu ziehen, dazu will ich, um die Sache an einem Beispiele zu zeigen, nicht einmal ein so langes Samm- oder Doppelwort erfinden, als die Sankritsprache hat, welche nach Forster Sammwörter von 152 Sylben aufweiset, sondern ich will nur ein kurzes, wie es etwa Aristophanes oder die Wiener Kanzlei- und Finanzsprache hervorbringen und zusammenketten, gleichsam einen Wortbandwurm nehmen. Letzte Metapher behalt' ich sogleich und häng' ihr noch an *stock*: so hab' ich Wortbandwurmstock; – ich stricke auf einmal noch an Abtreibmittellehrbuch: so steht Wortbandwurmstockabtreibmittellehrbuch vor uns. Um kurz zu sein, schweiß' ich auf einmal damit das ganz andere Wort Stempelkostenersatzberechnung zusammen und sehe nun in der Tat das ansehnliche überwiener Sammwort: *Wortbandwurmstockabtreibmittellehrbuchstempelkostenersatzberechnung* vor meinen Augen lebendig.

Und hier werde das Postskript, damit es nicht so lange wie das Sammwort darin ausfällt, mit meiner ewigen Versicherung geschlossen, daß ich bin. etc.

N. S. Es regnet heute etwas; da aber der zweite Tag nach dem Neumond mit seinem Wetter nichts bedeutet: so ist mirs ganz lieb auf der einen Seite, und auf der andern hab' ichs eben vorausgesagt.

Drittes Postskript

Antwort auf Herrn Prof. Docens Antwort – allgemeine Widerlegung und Grablegung der Genitiv- und S-Verfechter der Sache

Baireuth den 22. August 1819

Meine Anfechtungen über meine britischen oder schottländischen Trauungen der Bestimmwörter mit den Grundwörtern ohne Heiratgut von *s* und andern Genitiven sind Ihnen, vortreffliche Kanonissin, nicht halb so bekannt als mir selber; auch geben jene mir weit weniger Recht als Unrecht und gehen absichtlich darauf aus, zu beweisen, daß man meine zwölf Geschwornen-Briefe gegen die Genitive nicht hätte zu drucken und zu schreiben gebraucht, woraus ich schließen kann, was die Feinde vollends zu einem zweiten Abdruck denken mögen. Warum schlägt sich besonders Herr *Grimm* nicht mit dem Rädelsführer *Wolke* öffentlich herum (in einigen von mir nicht angenommenen Behauptungen greift er ihn an, aber ungenannt), oder warum tuts Wolke selber samt der Berlinischen Gesellschaft für deutsche Sprache nicht, sondern läßt mich allein auf meinem Schlachtfelde toben und schwitzen, indes ich in den nächsten Garten gehen und einigen Blumensamen für die nächste Messe aussäen könnte?

Herr Docen erwies in der sach- und ernstreichen *Eos*[28] – welche wie die meisten Tagblätter ihr Titelwort bricht, nur aber zum Lesers-Vorteil, indem sie statt spielender Aurora-Farben mehr aufgehende Sonnenstrahlen gibt – mir einen wahren Gefallen, daß er bemerkte, wie man sonst Heiratgut und sogar Rechtbuch, nicht Rechtsbuch gesagt, und daß er den Wörtern Gerichtsbarkeit, Volkstum, jenseits, öfter *s*, nirgends das S verübelte. Denn wirklich ist Gerichtsbarkeit nicht besser als Danksbarkeit und Geschmackslosigkeit, so wie Volkstum nicht besser als Herzogstum, Papstestum; denn »barkeit« und »tum« können als Nachsylben nichts regieren.

Rathaus läßt er gegenüber dem *Ratsdiener* gelten als ein »selbständiges Ganzes«, – aber dieses ist eben jedes Doppelwort; – nur müßte er eben darum Amtstube gegenüber dem Amtsknecht schreiben – –

---

[28] No. 102. Dez. 1818.

so könnt' ich antworten, wenn ich etwan auf jede einzelne Flinte wieder mit einer zielen wollte; es muß aber lieber auf den ganzen Feind geschossen werden. Wenn ganze Klassen von Doppelwörtern, wie zumal meine reiche erste der Einsylben mit dem Pluralumlaut (z. B. Faustkampf) und meine reiche zweite derer mit dem Plural-*e* (Bergkette, Tischbein) zu Tausenden die S abweisen: so können die ketzerischen Ausnahmen, die sich ein S zulegen, dasselbe nicht behalten, wenn sie dafür keinen andern Grund als einen bloßen logischen anzuführen haben, welcher mit gleicher Gültigkeit auf die ganze regelrechte Klasse passen würde. Einen logischen nenn' ich, wenn meine Gegner, besonders Pastor *Rink* in Venedig, das angehangne S für ein Zeichen erklären, daß der Sinn das Bestimmwort selbständig mache und vor dem Verschmelzen ins Grundwort bewahre; so ists z. B., sagt Rink, bei Wolfshaut, Bockshorn. Aber derselbe logische Grund, den man für das falsche S an Wolf aussinnt, müßte dann auch ein S an *Frosch* ansetzen, da beide ganz sich in derselben Beugung und Bezeichnung gleichen und es wäre nach Wolfshaut, Wolfsfuß, Wolfsauge etc. auch Froscheshaut, Froschesfuß, Froschesauge[29] zu sagen. Eben daher ist Bockshorn, Bocksfuß unrichtig, zumal hinter dem richtigen Bockfell, Bockleder, Bockstall etc. – Ich will aus der zweiten Klasse Beispiele der Regel und der Ausnahme, und zwar wieder von Tieren, sogar von Säugtieren, um nur jede Ausflucht abzuschneiden, erwähnen. Will man das falsche Genitiv-*s* in Schweinsborsten, Schweinsleder, Schweinszunge, Schweinsmagen, Schweinsmutter u.s.w. durch den logischen Grund der Hervorhebung des Bestimmwortes rechtfertigen: so verlangen Schaf, Stier, Hirsch dasselbe S mit demselben Grunde für ihr Leder und Blut, ihre Zunge, ihren Magen, ihre Haare und alle übrigen Glieder und für ihre Mutter. Hält man wieder Schaf aus dieser Klasse mit seinem Feinde Wolf aus der ersten nebeneinander: so wird der härter klingende Wolf ohne allen Grund mit dem Zisch-*s* gegen das Schaf bereichert, wenn man zugleich sagt Wolfs- und doch Schaf-pelz, -fuß, -magen, -saiten, -fleisch, -Milch, -hund, -stall etc.

– – Verzeihung, Gnädige, daß ich Sie wie eine Sonne durch einen Tierkreis gehen lasse; aber auf dem Wege zur Wahrheit kann oft der

---

[29] Denn der bloße Übellaut an »Frosches« würde so wenig beachtet werden als der in Dachsschwanz oder Kopfschmerz. Wer aber nicht will, kann für Frosch das Tier erwählen, das ihn frißt, den Storch.

feinste Herr, der eine Dame spazieren führt, nicht Umgang nehmen, einer Herde aufzustoßen und mit der Angeputzten (was fast komisch) hinter dem trägen Viehe nachzuziehen.

Außerdem daß dieses Genitiv-*s*, welches als das Zeichen der Selbständigkeit und Absonderung nur einigen Bestimmwörtern dienen soll, sich ja ganz gemein und vermischt allen Bestimmwörtern auf *heit, keit, ung* etc. anhängt, mithin durch seine ewigen Ausnahmen gerade keine mehr macht, müßte noch nachgewiesen werden, warum dasselbe in vielen tausenden Doppel- und Mehrwörtern meiner drei ersten Klassen unausgesetzt wegbleibt, unter welchen doch mehre Bestimmwörter als die paar Dutzend Ausnahmen eine logische Befugnis zur Auszeichnung und Vorhebung und also zum S besitzen müßten. Hätten wenigstens nicht Bestimmwörter, welche selber zusammengesetzt sind und oft an Größe das Grundwort übertreffen, z. B. Regenbogen in Regenbogenfarben, nicht größeres Recht, durch das Genitiv-*s* ihren großen Körper vor der Einschmelzung in einen kleinen zu bewahren, als das Wörtchen Schiff in Schiffssoldat? Man denke nur an mein braves Wiener Kanzleiwort: Wortbandwurmstockabtreibmittellehrbuchstempelkostenersatzberechnung, das ich am liebsten mit den römischen Mauern verglichen sehe, welche ohne allen Mörtel bloß aus übereinander gelegten nackten Quadern bestehen. – Überhaupt ist jedes Beispiel, womit die Gegner eine S-Kokarde als eine Sinn-Auszeichnung des Bestimmwortes zu rechtfertigen suchen, mit einem Gegenbeispiel zu bekämpfen; z. B. in »Leibarzt« (sagt Herr Rink), in »Lammfleisch«, »Meerwasser« ist das Bestimmwort mit dem Grundwort mehr zu *einem* Begriffe verschmolzen als in Leibesnahrung, Lammsgeduld, Meeresstrand etc., daher das S der letzten kommt. Was sagt er aber dann zu Leibspeise, Lammskopf, Seestrand? – »*Bruderliebe*«, sagt er noch, sei in brüderliche Liebe aufzulösen, aber nicht »*Bruderssohn*«; – so wenig, fahr' ich fort, als Froschhaut, Stuhlbein und die meisten sinnlichen Hauptwörter, deren Unauflösbarkeit in Beiwörter eben durch das bloße Aneinanderstellen in ganzen Stücken soll vergütet werden.

Indes statt der logischen Gründe können für die S-Anschiebung leicht grammatische sprechen, und es werden wohl Postskripte kommen, die sich mehr darauf einlassen.

Herr Professor Docen greift ferner meinen elften Brief an Sie, Verehrte, an und behauptet, in Frauenkleid, Sonnenschein, so Samenkorn und Schadenersatz und andern Wörtern sei das *n* kein Wohllaut-N, wie ich geschrieben, sondern das N des alten Genitivs. Ich hingegen hatte im elften Briefe dasselbe gesagt, nur aber es umgekehrt, es sei nicht das alte Genitiv-N, sondern das Wohllaut-N. So aber, wenn ich *ja* sage, und er *nein*, weiß ich nicht, wie mir und ihm zu helfen ist, wenns nicht Gründe tun. Und diese sind zum Glücke zu haben. Erstlich behaupt' ich mein Wohllaut-N steif fort, ob ich gleich der erste bedeutende Grammatiker bin, der nur davon redet. Adelung erklärt bloß in seiner dritten Deklination der Eigennamen Max, Franz etc. das eingeschobene *en* in Maxens, Franzens für ein Wohllaut-N. – Das N zweitens haben die Deutschen so gern, wie das E ungern. In dem *Namen-Nennen* selber kann das N gar nicht aufhören, sich zu nennen und selber gern zu hören, und in allen Infinitiven und Beugefällen will solches das letzte Wort nicht sowohl als d*en* letzt*en* Buchstab*en* haben. Der stille scheue Deutsche drückt daher mit diesem leisen und in dem Munde versteckten Mitlauter sein *Nein* und in Zeitungen am liebsten seinen Namen mit zwei N. N. aus, wiewohl nicht ohne alle Sorge, ob er sich damit nicht zu deutlich herauslasse.

Vielleicht schreibt sich – wenn es im Vorbeigehen anzumerken ist – von dieser deutschen Vorliebe für Verschweigen und Verbergen die ziemlich allgemeine Freude her, die sich jetzo über das öffentliche Versiegeln schon entsiegelter Briefe und eingesperrter Papiere äußert, weil man sieht, daß die heiligen Mysterien des Hauses sogar polizeimäßig gegen fremde Augen beschirmt und bewacht werden und alles sub rosa, wenn auch mit einigen Polizei-Dornen, gesetzt wird.

Stellte übrigens das gedachte N bloß den alten Genitiv in den Doppelwörtern vor: so dürft' es als ein Beugezeichen niemal weggeschnitten werden, wie doch in Seelsorger, Schulbuch, Schulrat, Mühlrad längst geschehen. Beiläufig kehr' ich diese Einrede auch gegen das S der Doppelwörter, welches die Adelungische Schule vor Grundwörtern, die mit S anfangen, z. B. in Geburtstunde, dem Wohlklange zu opfern erlaubt; denn wär' es ein wahres Genitivzeichen, so dürfte kein Wohlklang das Opfer fodern.

Aber steht denn dieses N nicht zuweilen auch in Bestimmwörtern, wo offenbar kein Genitiv, höchstens ein Nominativ gedenkbar ist, z. B. in Riesenmensch, Blumenpolype, Rosenmund, ein Blumenwesen, Lilienhals, Frauenmensch, Höllenort? – Überhaupt wer das zweite Postskript an Sie, Gnädige, gelesen, worin gezeigt wird, was alles die armen Bestimmwörter von Präpositionen, von Dativ- und von Plural- und von Infinitiv-Enden sich müssen abschneiden lassen, bis sie für ein Grundwort genug zugestutzt worden: der erstaunt über das Geschrei, womit man das Genitiv-Schwänzchen oder -Zöpfchen festhält und nicht hergeben will zum Englisieren und Zopfabschneiden. Himmel! was müssen nicht in Sammwörtern wie Dachwohnung, Grablegung, Kopfrechnen, Hausschlachten für ganz andere und immer verschiedene Nebenbestimmungen in Gedanken ergänzt werden, sogar um selber einen heimlichen Genitiv abzuwehren und nicht an eine Wohnung *des* Dachs, sondern *unter* (nicht einmal *auf*) dem Dache zu denken, noch an eine Legung eines Grabes, sondern *in* ein Grab u.s.w.! – Indes geh' ich hierin mit einer eignen Krieglist zu Werk und schlage die Feinde unglaublich leicht. Wollen sie für ihr S entweder als Beugefall- oder auch als Verbindzeichen fechten: so bestellt sie Ihr Präbendarius bloß auf das freie Feld seiner ersten Klasse mit den männlichen Worten: Kahn, Zahn, Ast und Dachs, oder mit den weiblichen: Nuß, Schoß, Haut und Braut; und zum Überfluß noch auf die Ebene der zweiten Klasse mit: Stein, Bein, Tisch und Hecht, und fragt sie, wo das S der Klassen hingeraten. – Rücken sie mit einem besondern selbständigen Wert und Sinne feindlich vor, der an manchen Bestimmwörtern durch ein S darzustellen sei: so sagt der Präbendarius bloß: Kahn, Zahn, Ast und Dachs, alsdann: Nuß, Schoß, Haut und Braut, und zuletzt: Stein, Bein, Tisch und Hecht, und fragt, ob alle diese nie eines besondern Sinnes fähig sind. – Wollen die Feinde die schöne S-freie dritte Klasse: Wild, Vieh, Sand, Obst etc. zwar laufen lassen ohne S, aber unter dem Vorbehalt, daß sie nur als Abstracta und Collectiva diese Begünstigung hätten: so führt der Kanonikus wieder Kahn und Dachs, Haut und Braut, Tisch und Hecht entgegen und fragt, wie abstrakt und kollektiv wohl diese seien und ihre andern tausend Gesellen gleichfalls. – Und ziehen gar die Plural- und Plusmacher mit ihren Eseltreibern, Ziegenhirten, Bärenführern an: so sagt der Präbendarius bloß: Kahn und Dachs, Nuß und Braut, und Stein und Hecht; sogleich kommen ihm Fuchsjäger, Kuhhirten und Kuhherden, Hechtfischer und Schafhirten und Schafherden zu Hülfe – – und der Kanonikus geht mit einer Triumphbogenkurve auf der Achsel zufrieden nach Hause.

Noch setzt Herr Professor Docen mir das S in Eigennamen, z. B. Landshut, Königsberg, entgegen; ich hebe aber meinen Widerstand dagegen für Herrn Bibliothekar Grimm auf, um auch an ihm eines und das Andere zu widerlegen.

Sie haben, Verehrteste, in der trefflichen *Eos*, die ich Ihnen immer richtig zusende – zumal da Ihnen an dieser Aurora und Morgengöttin besonders die Abendmalerei der Vergangenheit zu gefallen scheint –, gewiß nicht Herrn Docens Einwürfe gegen meine Briefe übersehen; also weiß ich, daß Sie außer seiner Ein- und Umsicht, oder Tiefe und Weite, auch noch die mir so angenehme und so unentbehrliche Höflichkeit wahrgenommen, womit er mich angreift. Wahrlich Einwürfe läßt sich der Mensch gern machen, werden ihm nur dabei die nötigsten Loberhebungen gemacht; – diese erhielt ich aber eben.

Ihr etc.

N. S. Schon heute am dritten Tage nach dem Neumonde heitert sichs ein wenig auf; um desto mehr Aufheiterung kann ich mir und andern von dem entscheidenden vierten und fünften versprechen. Wahrscheinlich trag' ich Ihnen dann die übrigen widerlegenden Postskripte mündlich vor und schreibe sie dann nieder für den Fall des Drucks.

Viertes Postskript

Noch einige Entwürfe gegen den Jennerbrief beseitigt – über Zusammensetzung mit dem Plural

Baireuth den 23. August 1819

Der Tag ist trübe genug, Gnädige! und ich bekomme also Tage zu Postskripten hinlänglich. Heute brauch' ich daher vor der Hand Herrn Bibliothekar Grimm nicht zu besiegen, sondern ich kann in diesem vierten Postskripte noch einige Anfälle auf meinen ersten Brief abtreiben. Darin hatt' ich gesagt: »Bundestag ist so regelwidrig, als Mundestasse und Grundesriß und Grundesstein sein würde«. Ein großer griechischer und lateinischer Sprachforscher warf dagegen zwei Worte ein: Dat. cui; er meinte: die Tasse dem Munde, der Stein dem Grunde, aber bei Bundestag sei kein Gebefall gedanklich, sondern nur der Zeugefall. Und so erbärmlich werd' ich überall gehandhabt, daß man sich nur an mein nächstes Beispiel hält und nicht an die ganze damit angekündigte Beispiel-Reihe; denn wo bleibt denn der Mundtassen-Dativ in Mundfäule, Mundgeschwür, Mundschaum, Mundbissen, Mundwerk, Mundleim etc. – oder der Grundstein-Dativ in Grundlegung, Grundherr, Grundsprache, Grundholz etc.? –

Ja die Wurzelsylben, wenigstens Stammsylben, woraus meine erste Klasse besteht, behaupten ihre Reinheit und Unveränderlichkeit in Zusammensetzungen oft sogar auf Kosten der Deutlichkeit; z. B. Brautmutter klingt wie eine Mutter, die eine Braut ist, so wie Herzogin-Mutter eine Herzogin selber bezeichnet. Neben *Kuh*stall, *Kuh*hirt und -herde etc. kann keine Maus ihr *Mäuse*fell, - schwänzchen, -ohr u.s.w. behalten. Ebenso ist auf keine Weise die Feder, womit ich schreibe, eine *Gänse*feder, sondern eine Gansfeder, die ich aber hier nicht berühren will, damit ich nicht in das Gebiet eines neuen Postskripts übertrete, wo ich sie gegen Herrn Bibliothekar Grimm ergreife.

Hingegen ist hier eine desto bessere postpapierne Stelle für die Fälle, wo die Sprache unbekümmert um den Sinn der Zusammensetzungen die Mehrzahl gewöhnlich entweder ausschließt, oder sogar zuläßt. Sie flieht in ihren Sammwörtern nicht eigentlich die

Mehrzahl – die sich ja mit ihrem Nominativ ebenso gut unregiert in das Grundwort verschmerzt als der Singular mit seinem –, sondern die bösen *e* der Mehrzahl. Daher gibt sie in meiner *ersten* Klasse immer der Einzahl gegen die scheinbaren Einwürfe des Sinns den Vorzug, z. B. in Gasthaus, Flußkarte, Bockstall, Fuchsjäger, Hutmacher, Buchbinder, Fruchtlese, Wurstkessel etc. In meiner *zweiten* Klasse verfährt sie ebenso, und ich lasse den alten Beispielen meines Februarbriefes nur noch einige von Tiergarten (anstatt Tieregarten), Haarring, Pelzhändler, Krebsfang, Hechtzug, Hirschzaun nachlaufen, nur einige, da zur ganzen Herde kein Platz da wäre. Aber gerade diese Hornungklasse spricht auffallend für mich; denn anstatt eines Plural-*e* in Schiffeflotte, Diebegesindel, Mönchekloster wählt sie lieber hart und falsch genug Schiffsflotte, Diebsgesindel und Mönchskloster. Das den Bestimmwörtern von Pferd, Hund etc. angeleimte *e* will, wie bekannt, keine Mehrzahl aussprechen, sondern nur durch einen Selblauter die Verwandlung des weichen Mitlauters in einen harten verhüten. Endlich wirft deshalb auch die neunte Klasse der mehrsylbigen Wörter mit *e* im Plural dieses *e* im Zusammensetzen weg, z. B. Gesetzbuch, Gewürzsendung, Rettigbeet, Pfennigkabinett.

Wo hingegen eine wahre oder scheinbare Mehrzahl sich wie eine Vielweiberei einem Grundwort anvermählt, da geschieht es nicht eines besondern Sinnes, sondern des Wohlklangs wegen, der sogar zuweilen dem Sinne selber zuwider tönt. Da nun der Norden – wie der Süden oder Spanien – Vorliebe für das Klang-R hat, nämlich so wie es am Ende meines eignen Namens als *er* nachtritt – daher Kolbe bemerkt, daß es des Klanges wegen z. B. in Bild*er*chen und ver- größ*er*n stehe –, so nehmen die Bestimmwörter mit *er* im Plural am häufigsten den letzten vor dem Grundwort an, z. B. Wörter- und Kräuterbuch, Rinderhirt, Gliedermann, und sogar, wie ich oben vorausgesagt, auf Kosten des Sinns, z. B. die Gespenster- und Geistererscheinung einer einzigen Gestalt, Kindermörderin, Eierschale, Kinderhaube. Kann die Sprache das *er* ohne den Plural haben: so ist »Bruderkrieg« ihr auch recht samt dem »Klostergeist« und »Ackergesetz«, oder auch Nachbarländer und Schwesterhaus, so wie ihr aus derselben achten oder Augustklasse wegen des sanften *el* Vogelherd und Sattelkammer gefallen.

Daher sucht sie, wie früher schon dargetan worden, wieder nur Wohlklang, nicht Mehrzahl, wenn sie Ochsendienst und doch nicht Stieredienst, und Nonnenkloster und doch nicht Mönchekloster sagt.

Ewig, verehrteste Kanonissin,

Ihr Kanonikus
R.

Fünftes Postskript

Widerlegung des Herrn Bibliothekar Grimm

Baireuth den 24. August 1819

Den so sehr wichtigen, den fünften Tag nach dem Neumonde hole aber der Henker, Gnädige; freilich bleibt mir das erste Mondviertel übrig, das nach Quatremère-Disjonval eigentlich den ganzen Monat sicher bestimmt. –

Heute hab' ich Herrn Bibliothekar *Grimm* zu widerlegen. Mit ihm sollte mir ein seltenes Glück begegnen. Ich war nämlich so glücklich, daß ich seine deutsche Grammatik erst in diesem Monate kennen lernte, also viel später als seinen Angriff meiner zwölf kanonischen Apostelbriefe, der schon im zweiten Bande des Hermes auf 1819 steht. Himmel! wäre aber die Sache umgewandt gewesen, und ich hätte den Verfasser der Grammatik nur *eine* Woche früher gelesen als den Verfasser des Angriffs: eine Leidenswoche hätt' ich ausgestanden, und es wäre zu viel gewesen. Denn ob ich mich gleich so gut wie er sich ein Mitglied sowohl der Berliner als der Frankfurter Gesellschaft für deutsche Sprache nenne und so wie er Gedanken über verschiedene Punkte der gedachten Sprache äußere: so ist doch ein solcher Abstand zwischen uns beiden Männern, daß *Grimm*, wenn ich ein wahres Mitglied beider Gesellschaften bin, bloß ein scheinbares ist und eigentlich mein Präsident sein könnte. Kanonissin! Sach- und sprachkundige Rezensenten – beides ist hier dasselbe – werden die Sprach- und Sprachenfülle seiner Grammatik (diese grammatische Polyglotta für Deutsche und ihre Völkervettern, Holländer, Schweden, Dänen, Briten) und das längste tiefste Studium der deutschen Sprach-Antike und die scharfen Blicke der Entscheidung mit dem rechten Lobe zu erkennen wissen. – Und einen solchen grammatischen Riesendavid hart' ich als ein Zwerggoliath herausgefodert in mein Boulogner-Wäldchen der Doppelwörter! Himmel! welche Einwürfe und Waffen aus seiner ungeheuern sprachgelehrten Gewehrkammer waren nicht zu befürchten!

– Es lief besser ab; es waren keine zu haben gewesen.

Die Verbindung des Bestimmwortes mit einem S – wendet Herr Grimm im Hermes zuerst ein – sei inniger; – und er führt deshalb den Unterschied zwischen Vogelsang und Vogelsberg, zwischen Königreich und Königsberg, zwischen Kaisergulden, die unter allen Kaisern gelten, und zwischen Kaiserslautern an, das nur von *einem* gelte. – Eigentlich hört durch das S ein Bestimmwort eben auf, eines zu sein und sich in das Grundwort zu verlieren, es steht für sich fest da und also dem Grundworte ebenbürtig gegenüber – was ja das Gegenteil einer innigern Verbindung ist –; daher meine andern Gegner, wie Docen, Rink, eben durch ein S dem sinnausgezeichneten Bestimmwort Selbständigkeit und Absonderung erhalten wollen. Und wie kommen überhaupt als Einwürfe Eigennamen hieher, die ja keine Doppelwörter sind? Wenn ein Name zuweilen mehr als ein Wort enthält: so sollen ja die Mehrworte – oft aus unkenntlichen beschnittenen Wurzeln zusammengeflochten, wie z. B. Baireuth aus Baiern und roden, oder ohne alle Genitiv-S, z. B. Münchberg, Thierbach, Himmelkron – nicht wie in einem Doppelworte als verschiedene Bestandteile getrauet und doch geschieden, sondern zu *einem* Zeichen unkenntlich eingeschmolzen werden. Das S in Königsberg ist, wie das nämliche in Karlsbad, Petersburg, nur das unentbehrliche Genitiv-S der Eigennamen, die keinen bestimmten Artikel vertragen. – Am wenigsten sollte mein Präsident *Königsberg* bloß durch das S von *Königreich* – oder ebenso Kaiserslautern von Kaisergroschen – für unterschieden erklären, weil jenes S anzeige, daß es nur *ein* Königsberg und *ein* Kaiserslautern gegenüber den S-losen König- und Kaiserreichen gebe. Aber gibt es denn nicht nach meinem neunten Briefe (Königreich ausgenommen) bloß Königszepter, Königsgeld, Königskrone u.s.w.? Und schlägt nicht Kaiser (nach meinem sechsten Klassenbriefe von *er* im Plural) das Zeugefall-S in Zusammensetzungen aus, so daß folglich Königsmantel und Kaisermantel gar nicht durch den Sinn sich unterscheiden wollen?

Auf manches andere hab' ich dem Präsidenten schon in frühern Postskripten (in dem 2ten und 3ten) geantwortet, ja schon in den noch frühern Briefen. Wenn er (S. 28) ferner sagt: »Herzensangst (noch besser würde er sagen Herzangst, wie Herzohr, Herzblut) kann man nicht in herzliche Angst oder durch ein Adjektiv auflösen«, so wundere ich mich und frage: hab' ich denn nicht dasselbe im Jennerbriefe gesagt und abendlichen Stern von Abendstern so sehr geschieden?

Für den Genitiv in Sammwörtern bringt er noch in Rücksicht des »Gänsehalses« bei, daß *gans* sonst im Genitiv *gansi* gehabt, woraus *gensi*[30] geworden. Aber jetzo ist ja dieses *gensi* im Zeugefall eine Gans geworden und Gänse selber zur Mehrzahl; warum soll nun eine seit dem 13ten Jahrhundert veraltete Beugung mit dem Scheine der jetzt geltenden eine Mehrzahl in der ersten Regelklasse, in der keine erscheinen darf, vorspiegeln dürfen? Und wie will die einzige Gans samt ihrer *Compagnie*-Schnecke mein ganzes Kapitolium der Hauptklasse stürmen und mein langes Heer von andern Wörtern überflügeln? – Aber hätten auch beide im Altertum ein ebenso großes ausgeheckt: so könnte dieses von der Zeit abgedankte Greisenheer doch meinem von der Zeit geworbenen Jugendheere nichts anhaben. Unser Neuhochdeutsch hat nach Grimms Grammatik hinter sich das Mittelhochdeutsch und das herrliche Althochdeutsch, welchem aber das Mittelhochdeutsch schon im 13ten Jahrhunderte die vollen Baßsaiten abschnitt und die dünnen E-Quinten aufschraubte, so daß aus den fünf köstlichen Deklinationen Herrono, Taga, Eidu, Suni, Fisgo, Guati die dünnstimmigen Herren, Tage, Eide, Fische, Güte geworden. Könnten wir nur – außer den beiden übriggebliebenen, einander antiphonierenden Cretikern Nachtigall und Bräutigam – uns noch mehre und ähnlichere aus jenen Zeiten herüberholen als einige ärmliche vergeßne Sprachreste wie Gänse und Schnecken! So aber setzt uns der Präsident eine Perücke, aus grauen Haaren gefertigt, auf. Allein was gehen an sich das 19te Jahrhundert Sprachjahrhunderte an, die schon von ihm und von einander selber überwältigt und überschlichtet worden, ein Jahrhundert, das schon auf der dritten Sprachschicht, wie Modena auf drei Erdoberflächen wohnt!

Gleichwohl glaubte mein Präsident, mich noch mit einigen andern aufgegrabenen Altertümern zu schlagen und zu erschlagen, als ich in meiner achten Klassenregel stand und unter den Beispielen ihrer Genitivlosigkeit »Vatermord« anführte. Denn das S fehle, schrieb er, nur darum, weil Vater – und wie ich jetzo aus seiner eignen Grammatik dazusetzen kann, auch Bruder, Mutter, Schwes-

---

[30] Noch weiter holt er die Schnecke her, welche, sonst männlichen Geschlechts, snekko hieß, im Genitiv snekkin hatte und darauf snekken bekam; – als wenn nach den Tausenden in der elften Klasse, welche als Sammwörter ein n bekommen, noch eine besondere Nachweisung für ein einziges nötig wäre.

ter, Vetter, Schwager – sonst gar nicht dekliniert wurde und also kein Zeugefall-S annehmen konnte. Inzwischen – versetz' ich – wird doch heutiges Tages die ganze Sippschaft gebogen und hängt sich sogar ungebeten und ohne Erlaubnis in Sammwörtern wie Vatersbruder, Bruderssohn einen Zeugefall an. Von den andern, dabei nicht betroffnen Einwohnern meiner Regelklasse brauch' ich gar nicht zu reden, sondern nur überhaupt zu fragen: beherrscht denn nicht jetzt das Genitiv-S Gebrauch und Ohr? – Könnten wir lieber auf dem Kirchhofe der Sprache mit *Wolke* die uns nähern alten Vollaute, wie Romer, Burger, Laufer, glaubig, einfaltig etc., aufwecken, um durch sie ihre dünnleibigen Enkel, wie Römer, Bürger etc., absetzen!

Ferner will Herr Grimm »Blutstropfe« und »Blutsverwandte« gegen meine dritte Klassenregel einwerfen; indes jener ist ohnehin neben Blutsturz, -sauger, -fluß etc. regelwidrig; aber auch Blutsverwandte sind durch keine Ausrede auszunehmen, welche nicht ebenfalls gegen Blutschänder und Bluträcher gälte.

»Die Sprache kann auch mit dem Dativ und Akkusativ zusammensetzen«, wendet Herr Grimm wider Erwarten gegen ein Mitglied zweier Sprachgesellschaften ein, das nicht einmal den überall erdichtbaren Zeugefall in Wörtertrauungen zuläßt, geschweige den Gebefall. Er zeige – aber nicht im Alt- und Mitteldeutschen, sondern im Neudeutschen – vor der Hand vom Dativ nicht mehr Beispiele als wenigstens – eines. Denn die Wörter, deren Dative in der Einzahl ein *e* bald haben, bald lassen, oder die andern, bei welchen in der Mehrzahl alle Beugefälle gleich sind, z. B. Menschen, und endlich alle weibliche haben zu keinem Beweise die Kraft in sich. Nur solche Wörter haben sie, welche bloß ihren Dativ durch ein *n* aussprechen – und gerade alle diese verlieren ihr *n* in der Zusammensetzung, z. B. eine göttergleiche (nicht götter*n*gleiche) Gestalt, ein weibertreuer Mann, leuteverhaßt, ständewidrig, bücherarm, Bücherhandel; und so versuche man es durch alle Grundwörter, die sonst einen Dativ regieren, z. B. widrig, reich, ähnlich, bekannt, angemessen.

Was den Akkusativ anlangt, so will ich meinem Präsidenten den Gefallen tun, ihn nicht eher zu widerlegen, als wenn ich gegen den Herrn Hofrat Thiersch, welcher dasselbe behauptet, etwas in Postskripten vorbringe, falls das schlechte Wetter so lange dauert.

Übrigens erklärt sich der Präsident gegen die Sprach-Gleichmacher (oder Puristen, wie er sie nennt), welche, gleich den politischen, um mich so auszudrücken, durch ihr Wasserwägen alle Höhen aufheben und nur die der Wogen lassen. Freiheit war mir von jeher auch in der Sprache das Frühere vor der Gleichheit. Daher steht Grimm nicht bloß durch Wißfülle, sondern auch durch Groß-sinn, wie überall, so hoch über Adelung, noch besonders auch da-rin, daß er die vierzehn von ihm so genannten starken Konjugatio-nen der unregelmäßigen Zeitwörter, welche wir so unrichtig für die Ausnahmen ansehen, als die regelmäßigen erklärt, und unsere ein-zige regelmäßige, zu welcher jene immer mehr kindisch veralten und einsinken, als die schwache darstellt. Könnte man nur das Ver-dienst der sogenannten unregelmäßigen Zeitwortbeugungen, wel-che mit Fülle, Klang und Kürze beschenken, den bisherigen unre-gelmäßigen Sammwörtern, die eben um dies alles bringen, zu-schreiben: ich gäbe gern dem Präsidenten Beifall.

Was ich ihm aber noch lieber gäbe, wenn ich die Akademie in München wäre und hätte vor mehren Jahren den Preis von 200 Karolin auf die beste deutsche Grammatik gesetzt, dies wäre der Preis selber samt den so alten Zinsen. Wahrlich er hat uns ein heiliges Reliquiarium der Zungen-Vorzeit gebracht und gefüllt; nur freilich muß uns arme Märterer der Gegenwart das Verstummen so vieler Kraft- und Wohllaute schmerzen. Aber können wir überhaupt die längst vergangne Geschichte ohne ähnliche Schmerzen lesen? - Behörden daher, welche jedem Leser die altdeutsche Geschichte ohne alle Auswahl zu lesen verstatten, handeln vielleicht nicht vor-sichtig genug, in Betracht der vielen demagogischen Umtriebe so-wohl in Schröckh als Schmidt. Sogar zur neuern Geschichte der Feldzüge gegen die Franzosen dürften nicht alle Geister reif sein - die am wenigsten, welche sie selber mitgemacht -, und es möchte besonders diesen, da man ihnen das Erinnern derselben nicht zu verbieten weiß, doch deren Lesen und Verbreiten zu untersagen sein. Denn warum wollen wir nicht - dies frag' ich so oft - mit der Geschichte ausreichen und zufrieden sein, die jeder von uns selber erleben hilft, und von deren Wahrheit uns ja unsere eignen Empfin-dungen am besten überzeugen, wenigstens die unangenehmen? Aber mit welchen andern verbleib' ich

Ihr etc.!

Sechstes Postskript

Antwort auf einen Gegenbrief des Herrn Hofrat Thiersch

Baireuth den 25., 26., 27. August 1819

Meinetwegen, Gnädige! Das Wetter verschiebt also recht offenbar, wie ich nur zu deutlich sehe, seine Aufheiterung – so wie die meinige bei Ihnen – aufs erste Viertel, welches morgen einfällt. Die böse Witterung hatte doch die gute Folge gehabt, daß ich meine beiden Druckgegner nach Verhältnis umgeworfen.

Dafür steht wieder ein langer starker Briefgegner vor mir da und stützt sich auf seine Waffen, die er gegen mich gebraucht. Ich mache kein Geheimnis daraus, daß er mir im Gefechte, das auf beiden Seiten tapfer genug war, an der rechten Schreibehand einen Finger abgehauen, und den sechsten zwar, den ich jedoch willig entrate. In der Tat wurd' ich in einigen Punkten bekehrt; denn warum sollt' ich unaufhörlich Recht haben? Ists nicht genug für einen armen Kanonikus, daß ers so oft hat? –

Ich hoffe daher, Ihnen, meine Gönnerin, einiges Vergnügen zu machen, wenn ich mein Postskript mit seinem Briefe durchschieße und wieder den Brief selber mit meinen Zwischen-Antworten durchschneide. Schon dieses Briefes wegen wünscht' ich, die Postskripte würden gedruckt, damit jener vor mehre Gelehrte käme, welche mit Freuden ein paar ungedruckte Zeilen von einem Manne aus der Pairie griechischer Sprachkenner lesen würden. Auch Sie, Gnädige, werden sich mit den griechischen Fremdlingen im Briefe leicht befreunden, da Sie gewiß so viel Griechisch verstehen als – wie ich wohl ohne Schmeichelei behaupten darf – die meisten Vers- und Romanschreiber. – Und hier folgt denn das Schreiben.

München, den 19. Sept. 1818

»Ew. Wohlgeboren!

nehme ich mir die Freiheit, Ihrer öffentlichen Auffoderung zu Folge in Bezug auf Ihre Ansicht über das verbindende S in deutschen zusammengesetzten Wörtern Bemerkungen mitzuteilen, wie sie mir während einiger Gespräche über den Gegenstand, zu denen Ihre geistreichen Briefe über denselben im M. Bl. veranlaßten, entstanden sind. Ich schicke sie Ihnen selber zu, weil ich mit Freuden eine Gelegenheit ergreife, nach langer Zeit einen frühern freundlichen Verkehr durch schriftliche Mitteilungen zwischen uns zu erneuern, und weil ich wünsche, daß meine Bemerkungen, einfach und anspruchlos wie sie sind, vor allem Ihrem Urteil sich unterwerfen sollen. Finden Sie bei Ihrer umfassenden Kenntnis des Gegenstands, daß andere schon gesagt haben, was ich, mehr in den Grammatiken der alten Sprachen umhergetrieben als in der einheimischen zu Hause, Ihnen vorlege, oder daß es in Ihren eigenen Beobachtungen seine Widerlegung antrifft, so bleibt natürlich die ganze Sache auf sich beruhend. Stimmen Sie aber dahin, daß die hier angegebne Ansicht über das Verbindende S die von Ihnen verteidigte aufhebt, so steht Ihnen frei, von diesem Papier jeden Ihnen beliebigen Gebrauch zu machen.

Es handelt sich aber von Wörtern, welche aus einem Hauptworte und einem andern Worte zusammengesetzt sind: nicht von solchen, wie *sprechlustig*, *Sprechlust*, *hörbar*, von *sprechen*, *hören*, sondern solchen, wie sprachlustig, Sprachkunde, Gehörsinn, Geschäftsgang, Freiheitshalber, von Sprache, Gehör, Geschäft, Freiheit. Auch meinethalb, eurethalb gehören hieher als aus fürwörtlichen Hauptwörtern zusammengesetzt.«

– Gönnerin! wie könnte Sprechlust kein Doppelwort sein, da die Zeitwörter mit ihren weggeworfenen Infinitiv-*en* überall Bestimmwörter bilden nach dem zwölften Brief an Sie? – Und wie könnten dagegen wieder Freiheitshalber und meinethalb Doppelwörter vorstellen, da *halber* und *halb* nur das an das regierte Wort angeschmolzene Fürwort *wegen* ist? – Wollte man das Für- oder Nachwort *halber* oder *wegen* gegen die ganze Natur eines Doppelwortes zu einem Grundworte adeln: so hätte man auf der Stelle ein neues deutsches Zwillinglexikon gezeugt und in der Hand, da *wegen* ja hinter *jedes* Substantiv des adelungischen Wörterbuchs zu setzen ist. –

»Bei Zusammensetzungen nun aus einem Hauptwort und einem andern haben die Sprachen nicht genug, das *nackte*

Hauptwort voranzustellen, einen Begriff an den andern *anzu-schieben*, sondern sie bringen, wo möglich, eine *nähere* Verbindung zwischen beiden zu Stande, und zwar entweder durch *Zurückführung* des Hauptworts auf seinen Stamm, wodurch es seine Selbständigkeit verliert und allein ohne das andere, dem es soll vereint werden, nicht mehr bestehen kann, *oder* durch *Beugung* und Angabe der *Beziehungsfälle* (casus). Letztere Zusammensetzung ist weit vorzüglicher, weil durch die Beugung zugleich die Art der Beziehung angegeben wird, in der beide Wörter, aus denen das zusammengesetzte entsprang, zu einander stehen, welche Beziehung im ersten Falle, eines Zeichens ermangelnd, nur geschlossen werden kann.«

– Verehrteste! Den 14ten Sept. 1818 gab das Morgenblatt das Ende meiner Abhandlung, und den 19ten Herr Thiersch mir schon den Brief darüber; – daraus also läßt sich die Sache erklären, da ein Zeitblatt doch erst einige Postzeit zum Ankommen und einige Umlaufzeit unter den Lesern bedarf und mein Gegner folglich meine Behauptungen mehr aus Gesprächen – wie der Briefanfang selber zu verstehen gibt – und das noch reisende Ende gar nicht kennen konnte, daraus, sag' ich, läßt sichs erklären. Denn sonst wüßt' ich auf keine Weise zu begreifen, wie er in den vorigen Zeilen unter den verschiedenen Ehen oder Kopulierweisen der Wörter gerade die einzige allgemeine und von mir als die rechtmäßigste verteidigte auslassen konnte und nur zwei andere anerkennt, wovon die eine die seltenste und die andere die verbotene ist. Wie konnt' er sagen: »Den Sprachen ists nicht genug, das nackte Hauptwort (das Bestimmwort) voranzustellen«? Die deutsche (wie sogar die römische zuweilen, z. B. in *puerpera*, in *solstitium*) stellt es ja eben in einem fort in den unzähligen Wörtern meiner ersten, zweiten, dritten, vierten, sechsten, siebenten, achten, ja neunten Klasse nackt voran. Die eine und erste von ihm gebilligte Kopulierweise ist, daß das Bestimmwort seine Zweige abwirft und nur mit dem Stamme sich dem Grundwort einverleibt; z. B., sagt er weiter unten, aus Liebe wird Lieb-losigkeit, aus Sprache Sprachkunde. Ich setze noch dazu, daß ich diesen wenigen Fällen der *elften* Klasse noch in der zwölften die Fälle der Zeitwörter, welche ihr Infinitiv-*en* verschlucken, hinzugesetzt. Aber eben die elfte (wie zum Teil die fünfte) führt gerade eine

Überzahl von Wörtern auf, welche anstatt des Entäußerns vielmehr sich vergrößern und bereichern – nämlich mit dem Wohllaut-*n* –, um sich zu verbinden, z. B. Blumenblatt, Nasenspitze etc. Und wohin will er die ausgespreizten sperrigen Wörter verstecken, welche wie Wahr-haft-ig-keit-*s*-Liebe anstatt mit einem abgeschälten Stamme sich gar mit einem ganzen Busch von Ästen und Blättern auf das Grundwort pflanzen? – Gegen die zweite Art von Wörterehen, zu welchen die Beugezeichen die Morgengabe bringen sollen, ist in meinen Briefen und – seit dem schlechten Wetter – in den Postskripten derselben das Nötigste schon aufgetreten.

»Um mich deutlich zu machen, muß ich mich neben dem Deutschen auch ein wenig des Griechischen bedienen, und Sie werden das umso mehr erlauben, da beide Sprachen auch rücksichtlich der Bildung ihrer zusammengesetzten Wörter sehr nahe verwandt sind und die griechische häufig die Sprachformen rein ausgeprägt enthält, wo die deutsche, in der Beugungsfähigkeit hinter ihr unermeßlich weit zurücktretend, nur leise und gleichsam in einem und dem andern Zuge andeutet. – Dagegen verspreche ich, die Sache mit so wenig Beispielen als möglich abzutun, und bitte nur, im Fall der Brief etwa in ein Abend- oder Morgenblatt wandern sollte, im voraus, daß mit den griechischen Wörtern recht säuberlich umgegangen wird; denn es ist zum Erschrecken, wie das Griechische oft zugerichtet wird, wenn es zufällig in ein Blatt gerät, in welches es eigentlich nicht gehöret. – Zurückführung auf den Stamm findet Statt in *Sprachkunde, Lieblosigkeit*, wo in die Zusammensetzung nur *sprach*, *lieb*, die Stämme von *Sprache*, *Liebe*, aufgenommen sind, in φιλόσοφος, οπλοθήκη, wo in die Zusammensetzung ebenfalls nur φιλο, οπλο, die Stämme von φίλος, ὅπλον, aufgenommen sind. – Häufig geschieht es im Griechischen, daß, wenn die Sylbe, welche beide Wörter verbindet, zu schwach lautet, oder auch im Allgemeinen als ein Bindungsmittel das S Σ eintritt, z. B. in σακέσπαλος, θέσφατον aus σακε und θε (θεο), den Stämmen von σάκος, θεός.«

– – Gnädige Frau! Sie sollen hier selber entscheiden, ob ich überflügelt bin, wenn ein Paar *Sigmata* als zischende Feldschlangen gegen mich abgelassen werden, da ich jede Minute den Index des

Scapula aufmachen kann, wo so viele tausend Omikron's (auch einige Omega's) und viele Jota's (die Römer stellen von letzten noch mehre) sich in den Fugen und Ritzen der Doppelwörter aufhalten, welche mir alle stündlich durch bloßes lautes Geschrei – es ist zugleich Sieggeschrei – zu Hülfe kommen können. – – Aber ich höre Sie vollends sagen: das Deutsche ist ja ohnehin nur der jüngere Bruder des Griechischen und hat so manches nicht geerbt, wie die 2 Aoristos, die 3 Futura, die Participia und Media und die ganze Vielbeugsamkeit eines *Verbi*; warum soll es ihm alles nachmachen wollen – bloß der Verwandtschaft wegen? – Dies kann ich herrlich gegen Herrn Thiersch gebrauchen, wenn er so fortfährt:

> »Sie glauben vielleicht, daß ich dadurch ein Rettungsmittel für das S in *Freiheitsbaum* und dem andern *Freiheitswegen* suche; zwar ich möchte wissen, was sich einwenden ließe, wenn jemand in den beiden Schwestersprachen die Kraft und Tugend des S, als Bindungsmittel zu dienen, auf gleiche Art wirkend erklärte und sich demnach dieses S ebenso wenig herausschinden ließe, wie sich der Grieche das seinige habe nehmen lassen und aus seinem θέσκελος einen θέκελος oder in verwandtem Falle aus ηκούσθην ein ηκούθην, τετέλεμαι aus τετέλεσμαι machen lassen; doch will ich das so hart bedrohte S keineswegs hinter diese Schanze werfen und verlasse sie, um ihm Unverletzlichkeit auf andere Art zu gewinnen. Die andere Art nämlich, Wörter, welche ein Zusammengesetztes bilden, aus der Anschichtung herauszuheben und enger zu verknüpfen, war durch *Beugung*, und eine weise Sprache wird es lieben, in ihren Zusammensetzungen Beugfälle (casus), in diesen aber die Beziehungen beider Begriffe durchschimmern zu lassen. *Homer* läßt den Hektor die Achäer κηρεσσιφόρητοι nennen, die von den *Keren* herbeigetragenen, und hat einen vollausgebildeten *Ablativ* in das Wort aufgenommen. Ebenso ορεσίτροφος, auf Bergen genährt, αρησκτάμενος, vom Ares getötet, πυλοιγενής, in Pylos geboren, und es ist klar, in welcher Beziehung zusammengesetzte Begriffe, wie Menschenbedeckt, Aresgetötete Männer, sturmumrauscht, gärtenumgebene Häuser, oder das alte Lendenlahm, nämlich im Ablativverhältnis stehen sie, wenn auch die Sprache zu seiner Bezeichnung keine eigene Form

bildet, oder, in solchen Fällen an die Anschichtung gewöhnt, sie verschmäht, wie in schiffebesegelt, göttergeliebt, Wörter, freilich von ganz anderem Ursprung, welche unsere Ahnherrn, wenn sie ihrer bedurft hätten, wenn gleich mit dem Homer unbekannt, doch in seiner Art, nämlich schiffenbesegelt, götterngeliebt würden gebildet haben. Den *Dativ* haben sie in Διΐφιλος, τειχεσιπλῆτα und in unserm *gottlieb*, volkreich; den *Akkusativ* in βιβλιαφόρος, also auch in Bücherträger, Statthalter, Landbauer, desgleichen wo der vordere Begriff *allgemein* gefaßt den Singular statt des Plurals zeigt, *Buchbinder, Bergbewohner.*«

Verehrteste! Sie wissen am besten nach der Widerlegung des Herrn *Grimm* in dem fünften Postskripte, daß die deutschen Sammwörter kein Dativ-Zeichen in sich vertragen (und so ist *gott* in gottlieb so gut der Nominativ als *herz* in herzlieb statt herzenlieb); und es schadet vielleicht überhaupt dem Briefe des Herrn Gegners, daß er nicht vorher die Postskripte gelesen, die ich nach demselben geschrieben. – Was den Akkusativ anbelangt, so hab' ich Herrn *Grimm* erst hier zu widerlegen versprochen, damit ich dasselbe zugleich auch gegen Herrn Thiersch mit vorbrächte. Denn wie konnte letzter βιβλιαφόρος in Bücherträger anstatt in Bücher tragender übersetzen? Kein deutsches Substantiv kann seines Gleichen anders als mit der Genitivform regieren. Er setze nur statt der zweideutigen Beugefälle, wie in Bücher, Land, Berg, Substantive mit bestimmtem: so bekommt er Geschäftsträger, Landes-Beherrscher, Himmels-, Höllenbewohner. Aber auch *Wolke* nimmt (in seinem Anleit zur deutschen Gesamtsprache S. 332) mit gleichem Irrtum Akkusativregierungen in Sammwörtern wie Ackerbaubeförderer, Beutelschneider, Korbmacher, Wortwechsel etc. an, wo höchstens nichts als unterdrückte Zeugefälle vorhanden sind. Man weise mir doch einmal in irgendeinem Doppelworte das entschiedene Zeichen eines Akkusatives vor, das nicht ebenso gut das eines Genitivs, Dativs, Nominativs der Ein- und der Mehrzahl sein könnte, z. B. Beutelschneider, Fürstenanbeter. Aber eben bei dieser Leichtigkeit, jedes andere Zeichen für seines anzunehmen, schiebt man ihn desto bequemer ein. Daß früher der Akkusativ sich bestimmter aussprach, wie Herr Grimm behauptet, kann der jetzigen Sprache so wenig helfen als ein begüterter Vater und Erblasser seinem verarmten

Leib-Erben. – Hiezu kommt die noch wenig bemerkte Eigenheit der Sammwörter, daß sie bei aller Kühnheit, womit sie die Präpositionen des Dativs unterschlagen und erstatten, z. B. Dachwohnung, d. h. *unter* oder *auf* dem Dache, himmelschreiend, d. h. *nach* oder *zu* dem Himmel, Kopfrechnen, d. h. *mit* dem Kopfe, Brettspiel, d. h. *auf* dem Brett, daß sie, sag' ich, doch nie oder selten es wagen, die Präpositionen des Akkusatives (für, ohne, wider, um) weglassend vorauszusetzen. Höchstens dem Grundworte selber wird das Fürwort angeleimt, z. B. der Segler um die Welt wird ein Welt*um*segler. –

»Sie werden mir schon vorausgeeilt sein und geschlossen haben, daß ich nach diesen Analogien nicht umhin kann, das verbindende S als das Genitivzeichen in Verwahrung zu nehmen und es bei seinem Rechte zu schützen. Mit voller Gültigkeit treten demnach in die Reihe der aufgestellten Wörter *Glücksritter*, *Landsmann*, neben Landesherr, Landesfürst, Sturmesbrausen, Meereswoge, Volksgunst. Sie tragen offenbar und deutlich ausgeprägt das Zeichen des Genitivs und in ihm die Angabe des Verhältnisses, in dem beide Begriffe zueinander müssen gedacht werden.

Doch merken Sie mit Recht, daß ich zunächst dieses S an weiblichen Wörtern wie *Freiheitsbaum*, *Gattungsbegriff* als Genitivzeichen geltend mache, dem es nicht zu gehören scheint, da nicht die *Freiheit*, der Freiheits verwandelt wird, sondern der Freiheit, und das S nur den Genitiven männlichen und unbestimmten Geschlechts zu gehören scheint, der *Vater*, des *Vaters*, das *Glück*, des *Glücks*. Da ich oben das Rettungsmittel, nach dem dieses S im allgemeinen als Bindelaut mußte betrachtet werden, freiwillig aufgegeben habe, so bleibt nur übrig, zu zeigen, daß es allerdings ursprünglich ein allgemeines verbreitetes Zeichen des Genitivs auch für Wörter weiblichen Geschlechts gewesen ist. Unser Artikel, um bei diesem anzufangen, hat freilich sehr verschiedene Formen für die Geschlechter, *der*, *die*, *das*, Genit. *des*, *der*; ob aber auch ursprünglich? Gewiß nicht. Man denke an das englische geschlechtlose *the*, an die alte Form des weiblichen Artikels *de* statt *der*, z. B. im Thüringischen *de Früde*, die Freude, *de Väse*, die Vase, von welcher Form die für Männliches nur durch das angehängte R verschieden ist. Dieses R aber erscheint im Genitiv, die Stelle wechselnd, wieder beim weiblichen, der Mutter, und ist im Plural beiden Geschlechtern und den Geschlechtlosen gemein, *der Väter, der Mütter, der Dinge.* Dieses vorausgesetzt, zeigt sich, daß die Genitive *der* und *des* nicht zwei *nach Geschlecht,* sondern nur *nach Analogie* verschiedene Formen des Genitivs sind. Diese doppelte Analogie von R und S lief ursprünglich in verschiedenen Formen nebeneinander.«

Gnädige! Die wichtige und treffliche Bemerkung, daß das S auch den weiblichen Genitiv bezeichnet habe, erwartet ihre besondere Beherzigung in einem Postskripte zu dem zwölften Briefe, wenn das Wetter günstig ist, nämlich regnerisch.

»So wurde τὰς Μούσας bei den Lakoniern ταρ Μῶαρ gesprochen, und *puer* oder πόϊρ ist dem (πάϊρ) πάϊς, später παῖς, vollkommen gleich. In ihrem Fortgang bemächtigen sich die Sprachen der mehrfachen Analogien und bedienen sich ihrer zur Bezeichnung verschiedener Geschlechter oder Verhältnisse. Ich habe dieses nur vorausgeschickt, um vorläufig zu zeigen, daß kein Grund vorhanden ist, S im Genitiv von Bezeichnung des weiblichen auszuschließen, und daß, wenn es sich wirklich zu diesem Behuf verwendet fände, man darin eine Spracheigenheit erkennen müßte, die älter ist als die spätere Scheidung von *des* und *der* für den männlichen und weiblichen Genitiv. Wenn ich nun für das S im Genitiv der weiblichen mich auf die alten Schwestersprachen der unsrigen berufen wollte, auf τιμῆς so gut wie auf *matris* und μητρός, so würde Ihnen das vielleicht ferne zu liegen scheinen. Wie aber, wenn sich dasselbe auch in den neuen Schwestersprachen findet? Sie haben im Englischen ebenso bei artikellosen Genitiven king's (besser wäre kings, denn was soll das Häkchen vor dem Kasuszeichen?) jewels, wie Queen's jewels; Father's books, wie mother's books;«

Gnädige! Die Engländer, die mir schon in vorigen Briefen Hülftruppen geschickt, können hier in diesem Schreiben nicht unter Herrn Thiersch wider mich dienen, sondern sie sollen vielmehr mit seltener Tapferkeit für mich fechten im nächsten Postskript, »wenn es die Witterung erlaubt«, wie sich die Wiener auf ihren Anzeigen der *Feuer*werke ausbedingen, womit sie aber nicht, wie ich für *meine*, eine nasse verstehen.

»und im Gotischen ist die Beugung der weiblichen Wörter im Genitiv nie anders als auf S, z. B. *Magath* (Magd), Jungfrau, G. *Magathais, Hulundi*, Höhle, G. *Hulundjos, Dauhtar*, Tochter, G. (Dautharos, mit Ausstoßung der Vokale) *Dauhtrs*, so gut wie *Brothar*, Bruder, *Brothrs*. – Dieses vorausgesetzt, werden wir das S in Wörtern wie *Bildungsstufe, Freiheitshalber, einigkeitswegen* zugleich als Reste alter Genitivbildung und als Zeichen eines bestimmten Verhältnisses sorgfältig zu bewahren haben, umso mehr, da es auch außer jener Fügung noch in einigen Formen haftet. Denn was ist in *einer Seits* und *andrer Seits* dieses *Seits* andres als ein weiblicher Genitiv, der sein S noch nicht abgeworfen hat?[31] Ebenso auch *Nachts,* νυκτός, ja sogar *des Nachts* ist uns als einzelner Markstein aus einer Zeit geblieben, die zur Scheidung der Geschlechter im Genitiv noch nicht das R aufgenommen hatte.

Wollte ich hier weiter eingehen, so ließe sich bald zeigen, daß die allgemeine und volle Genitivbeugung wie die übrigen ein Pronominalsuffix EFOS mit wechselndem Endkonsonant gewesen, aus der die ganze Schar von Genitivformen in wenigstens zehen uns bekannten Sprachen wie aus einem gemeinsamen Stock hervorgegangen ist. Doch ich glaube, daß die voranstehenden Bemerkungen hinreichen, den Ursprung des S in dem bestrittenen Sitze zu erklären. Indes sind noch einige Bemerkungen nötig, um die Zweifel, welche rücksichtlich anderer Formen noch obwalten könnten, vollends zu zerstreuen. Das Genitivzeichen bleibt aus, wenn der *vordere* Begriff allgemein und ohne nähere Beziehung, indefinite, αοριστῶς gefaßt wird. Landesherr ist der Herr des *Landes*, Landherr einer, der *Land* besitzt (accusativ); *Buchesbinder*, wenn es gesagt würde, wäre des Buches Binder, der ein bestimmtes Buch gebunden, *Buchbinder* überhaupt, der Buch (kollektiv gefaßt) bindet, wie Strohbinder, Geldverschwender. Ebenso sind Sturmgewalt, d. h. Gewalt, wie ein Sturm

---

[31] Wie Freiheits in dem angeführten Worte, oder Liebes in Liebesmahl (Mahl der Liebe).

hat, und Sturmesgewalt, Gewalt des Sturmes, Meerufer, Ufer, wie das Meer hat, und Meeresufer, Ufer des Meeres.«

Gönnerin! Sie wissen am besten, was ich in vorigen Postskripten Herrn Hofrat Th. bei Gelegenheit des Herrn Pastor Rink über Sinn-Auszeichnung der Bestimmwörter durch ein S entgegengesetzt; daher ich eben zu meiner Beruhigung und zu seiner Beunruhigung so sehr den Abdruck dieser Postskripte wünsche.

»Ferner hatte auch die älteste Sprache nicht das S an allen weiblichen Formen. So *Kirche*, G. *Kirchen*, wie *Mensch*, des *Menschen*. Daher *Kirchenturm*, *Kirchendiener*; und wo ein S erwartet wird und nicht eintritt, z. B. Kirchturm, nicht *Kirchsturm*, kann man sicher annehmen, daß es dem alten Genitiv fremd geblieben ist.

Hiemit glaube ich mich der übernommenen Verpflichtung, das S in den Zusammensetzungen zu verteidigen, entledigt zu haben; denn was noch Einzelnes zu bedenken wäre, läßt sich leicht und ohne weitere Erinnerung abtun. Ich gebe aber Ew. Wohlgeboren noch zu bedenken, was wir am Ende gewinnen, wenn wir durch Ausschneidung jenes S einen Landsmann in einen Landmann und so uns beide, die wir zu meiner großen Freude bisher *Landsleute* gewesen sind, in Landleute verwandeln wollten. Ich wäre am Ende den Tausch noch zufrieden, denn das beatus ille qui procul negotiis klingt doch ewig durch das Leben wieder; aber, ich bitte Sie, dann kommen wir um unsern allverehrtesten *Landesherrn*, der es doch gewiß nicht um uns verdient hat, daß wir ihn aus dem Herrn des Landes in einen Landherrn, in einen Herrn *von* Lande oder *im* Lande verwandeln und ihn dadurch so vielen andern Herren im Lande gleichstellen, nicht zu gedenken der ohnehin mißvergnügten Mediatisierten oder *Standesherren*, welche unser Beginnen aus Herrn des Standes, eines bestimmten, nämlich privilegiertesten Standes, in *Standherrn*, in solche, die irgendeinen Stand haben, wie etwa die Krämer oder Standleute die ihrigen auf den Jahrmärkten, unausbleiblich verwandeln müßte. Um anderer Unbequemlichkeiten nicht zu gedenken, welchen uns ein solches Verfahren notwendig aussetzen müßte, wird es hinreichen, uns über seine Natur selbst zu besinnen. Wir würden eine feste, in der Sprache tiefgewurzelte Analogie ausreuten, deren sie sich in ihrem großen Haushalt mit Klugheit und Umsicht bedient, statt ihre blinde, nur zu einfache Gliederung zu hüten und zu pflegen, würden ihr unbarmherzig eines ihrer gesundesten Gelenke ausbrechen, um Begriffe zu vermischen, welche sie geschieden, Abschattungen zu vertilgen, welche sie mit freiem Sinn in ihre Bildung getragen hat.«

Nein; vielmehr soll jede Abschattung noch mehr vortreten, sobald sie eine rechte ist und keine scheinbare, etwan wie jener Punkt in der hebräischen Bibel, welchen der Orientalist so lange für einen Selblauter ansah, bis er sich durch sein Fortrücken als ein Insekt ankündigte. – Dem Aus- und Nachdrucke ist erlaubt, die Ehe eines Doppelwortes zu scheiden und z. B. mit Herder von Apollo zu sagen: mit seinem jungen Baumes Wuchs, anstatt Baumwuchs. Der Poesie bleibt unverwehrt, Mondenlicht anstatt Mondlicht zu sagen, ja Fäustekampf anstatt Faustkampf, und Frosch- und Mäusekrieg anstatt Mauskrieg. Aber heben denn diese Freiheiten des Augenblicks, Nachdrucks und Wohlklangs die erste oder Jennerklasse auf, welche Baumwuchs und Faustkampf zur Regel einsetzt und folglich auch den Mauskrieg so wie den Froschkrieg gebietet? Die vorüberfliegenden erlaubten Freiheiten des Nachdrucks und der Dichtkunst sind ja weit über die feststehenden Sünden gegen die Regel erhaben, und diese können sich nicht auf jene berufen und begründen. –

Aber damit geb' ich doch einem *Seidenstücker* nicht Recht, der (wie *Campe*) das Genitiv-S jedem Doppelworte einzuschichen verstattet und anrät, wenn das Bestimmwort besonders herausgehoben werden soll. Von Stadtmusikant z. B. soll (nach ihm) Stadtsmusikant durch das S ausgesondert werden; könnt' er aber dasselbe S der Auszeichnung auf die übrigen weiblichen Wörter meiner Jennerklasse übertragen und ebenso sagen: *mein* Brautsvater, *sein* Wandsnachbar? Und wie sind denn die weiblichen Bestimmwörter, die niemals ein S, immer nur ein Wohllaut-*n* annehmen, z. B. Nase, mit einer Auszeichnung zu versehen? – Den männlichen zwar leichter, wie es scheint, ließe sich ein heraushebendes S ansetzen, und man könnte unter Schiffsherr z. B. den Herrn des besondern Schiffs andeuten; aber wenn entweder dieses S schon vorher fehlerhaft im Sprachgebrauche anklebt, wie hier *allen* Schiffsherrn und Schiffsleuten, oder wenn dasselbe tausend andern fehlerlosen Bestimmwörtern nicht zur Auszeichnung als Band und Stern anzuheften ist und man nicht sagen kann und will: mein Briefsträger, sein Vogelsbauer: so ist dieses Mittel der Auszeichnung und Absonderung so zweideutig, unwirksam und regelwidrig in der Grammatik als 32 ähnliche Mittel in der Politik.

»So gewiß ist es, daß die Sprache weiser ist als ein jeder von uns, und wäre dieser auch einer ihrer größten Lieblinge, Johann Paul Friedrich Richter, dem sie ihre ganze Fülle und Reife aufgeschlossen und keine von den Huldgöttinnen, die ihr dienen, je verborgen hat. – Noch bitte ich
Ew. Wohlgeboren, der großen und dauernden Verehrung gewiß zu sein, mit welcher ich verharre

Ihr gehorsamster Diener

Dr. Friedrich Thiersch.«

Vortreffliche! Hier schließ' ich das Abschreiben des Schreibens mit dem wohltuenden Gefühle, daß solches hinlänglich widerlegt worden, teils durch die vorigen Postskripte, teils durch das jetzige und teils durch das künftige, so daß also alle drei Zeiten gegen ihn zusammentreten. Übrigens haben Sie gewiß, Gnädige, aus seinem einzigen Briefe mehr ächte griechische und andere Gelehrsamkeit erbeutet als aus meinem ganzen Dutzend; und dies ist auch mein und aller derer Fall, die mit mir in seine und meine Schreiberei hineingesehen. – Ewig, in Nachbriefen wie in Briefen,

der Ihrige
J. P.

Siebentes Postskript

Versprochene Widerlegung vermittelst der englischen Sprache

Baireuth den 28. August 1819

O meine Gnädigste! Wie sehn' ich mich aus meiner Schreibstube hinaus in Ihre Einsiedlerklause im Park, von dem trüben Himmel weg in die Schatten Ihrer Baumgänge und unter ein Blau, das mir keine Wolken verdecken, sondern nur Deckenstücke! Inzwischen ists heute am ersten Mondviertel, das nach Quatremère-Disjonval auf einen Monat entscheiden soll, nicht sonderlich hell, und die untere Mondspitze, welche so licht-scharf übergebogen sein soll, daß nach der Bauern Ausdruck eine Peitsche daran zu hängen ist, ließe jede angehangne sofort wieder auf die Erde gleiten; aber ich bedenke dabei den günstigen Umstand, daß das Viertel erst um vier Uhr und acht Minuten nachmittags eintritt, und daß dieses eigentlich erst morgen seine Wirkung zeigen kann.

Schon in meiner »bescheidenen Notwehr gegen grammatische Anfechtungen« im Morgenblatt No. 214 hatt' ich vor einigen Jahren angemerkt, daß die englische Sprache ihre Doppelwörter ohne alles Band verknüpfe, bloß durch Nebeneinanderstellung; ich führe jetzo statt der 1000 Beispiele nur diese an: *ship-master*, Schiffherr, *ship-boy*, Schiffjunge; *ox-eye*, Ochsenauge, *ox-stall*, nicht *oxen-stall*, Ochsenstall; ferner die Wörter auf *e* (die bei uns wenigstens ein *n* einflicken): *horse-courser*, Roßkamm, *wine-cellar*, Weinkeller, *love-letter*, Liebebrief; endlich die auf *ion*, z. B. *revolution-society* u.s.w., so wie ohnehin bei Adjektiv-Grundwörtern, z. B. *hope-full*, hoffnungvoll, *defence-leß*, verteidigunglos. So laufen diese Wortehen ohne eheliche Bande – denn die bloße Linie in der Mitte kann höchstens die Heiratlinie vorstellen, die sonst die Wahrsager in der Hand wahrnahmen – durch die ganze Sprache hindurch; und zwar dies um so beständiger und natürlicher, da sie sich mit so vielen Ein- und Wurzelsylben nicht sowohl ausspricht als ausstammelt, welche auch bei uns, wie die ersten Klassen meiner Doppelwörter zeigen, sich kein S ankleben lassen. Indes werden der englischen solche vier-, fünfstöckige Sammwörter schwer, wie sie die deutsche leicht türmt, als z. B. Schwefeldampfbadanstalt. Und dennoch langt mit allen diesen bloßen Nebeneinanderreihungen die englische Sprache zu allen Schattierungen aus, womit etwan ein Shakespeare oder ein Milton oder eine ostindische Compagnie so vieler Länder das Seltenste zu malen haben.

»Nun aber kommen freilich auch die Ausnahmen von Sammwörtern mit S, und Herr Hofrat Thiersch und andere Gegner haben sehr gute Beispiele angeführt« – wird mancher sagen; ich aber sage: daß ich nicht wüßte. Denn die Beispiele von *King'sbench*, *Queen's-jewels*, *Father's books*, *state's-man*, *doom's book* bezeichnen keine Doppelwörter, sondern nur den englischen Besitz-Genitiv, wenn das regierte Wort vor dem regierenden zu stehen kommt, wie gewöhnlich bei den Eigennamen. Da die Engländer nicht wie wir durch einen vorausgesetzten Artikel den Genitiv bezeichnen können, z. B. *der* Kinder Pflicht, *the children's duty*: so erscheint das S so wie bei unseren Eigennamen und eben darum mit dem (von Thiersch verworfnen) Häkchen, *Richter's coffeehouse*, Richters Kaffeehaus. Daher man jenes S auch bei unsern weiblichen Eigennamen antrifft, wie z. B. Maria's, Mariens Freund. Hier verschwistert und verschwägert sich ja kein Bestimmwort mit dem Grundwort, zumal da dieses oft ausgelassen wird, z. B. *St. James's* (nämlich *Palace*), oder *he went to Richter's* (nämlich Hause), so wie man in Sachsen sagt: er ging zu Richters, zu Pfarrers; oder *a friend of your father's* (nämlich *friends*), ein Freund von eures Vaters Freunden. So ist ja auch bei uns weder des Vaters Mord, noch Vaters Mord, sondern bloß Vatermord ein Doppelwort. Nur bei weiblichen Wörtern, z. B. *Mother's books*, können wir ihnen mit dem Genitiv-S nicht nachkommen und nicht sagen »mit Mutters Wissen«, sondern bloß mit der Mutter Wissen oder mit Mutter-Wissen. Am seltsamsten und kühnsten hangt dieser englische Besitz-Genitiv oft erst an dem zweiten Hauptworte: z. B. *at the king of Prussia's court*, an *des* Königs von Preußen Hof, indes man glauben sollte, es müßte heißen: *at the king's of Prussia court*. –

Gnädige! Sie erwarten jetzo etwas, wovon gerade ein – Widerspiel erscheint. Allerdings verehelicht der Engländer seine tausend Wörterpaare, so wie der Quäker seine Menschenpaare, ohne irgendeine kanonische Einrichtung, welche dort das S wäre; aber in zwei Fällen läßt er ein S heran. Erstlich bei einigen lebendigen und bedeutenden Wesen tut ers, um weniger die Zusammensetzung als den Besitzgenitiv anzudeuten, also bei *king, man,*[32] *woman, knight,* und nur bei wenigen Tieren, *hog,* Schwein, *lamb,* Lamm. Zweitens schiebt sich dieses S fast nur in die Tiere und Pflanzen zugleich aussprechenden Sammwörter ein. Sie sagen *dog-fly,* Hundsfliege, *dog-star,* Hundsstern; aber bei Kräutern *dog's-mercury,* Hundsringelkraut, so *dog's-bane,* Hundskohl, *dog's-tooth,* Hundsgras etc., lauter Pflanzen. *Goat,* die Ziege, hat kein S als Bestimmwort und geht rein, bis Kräuter kommen: *goat's-rue,* Geißraute, so *goat's-stones,* Knabenkraut, *goat's-thorn,* Bocksdorn; so geht *hare,* der Hase, richtig, bis *hare's-ear,* Hasenöhrlein, *hare's-strong,* Saufenchel, etc. erscheinen. So geht *hart,* Hirsch, richtig bis auf *hart's-ease,* Veilchen; so *monk,* Mönch, richtig bis auf *monk's-hood,* Eisenhütlein; so *Jew,* Jude, richtig bis auf *Jew's-mallow,* Judenpappel. So die Menge Pflanzennamen mit *Lady's* anfangend, z. B. *Lady's-finger,* Wundkraut, *Lady's-glove,* Lungenkraut, *Ladys-milk, -laces, -hair.* – Woher jedoch diese bloß auf Pflanzen eingeschränkte Einmischung des Mistel-S abzuleiten ist, das soll mir der erste Engländer erklären, dem Sie das Postskript geben.

Aber das Beispiel dieser britischen Kompaßabweichungen von der allgemeinen Nordregel kann Folgen haben, und zwar im nächsten Postskript auf mich, wo ich durch mein eignes Beispiel zeigen werde, daß ein Mann auf dem Festlande im Notfalle so gut von Sprachgesetzen der Doppelwörter abzuweichen weiß als irgendeiner auf dem stolzen Eiland; und meine Widersacher selber werden zufrieden sein, wenn ich mir widerspreche und ihnen nicht.

---

[32] Sogar head's-man, Kopf- oder Scharfrichter, und side's-man, Seitenmann oder Beisteher.

Achtes Postskript

Bewilligung einiger akademischer Freiheiten für Sammwörter

Baireuth den 29. August 1819

Das letzte Postskript hat versprochen, daß die englischen Ausnahmen mich in diesem auf einige (wie soll ich sagen) Zurücknahmen oder Einschränkungen meiner Brief-Sätze leiten würden. – Was aber das unsägliche dumme Wetter anlangt, das mich auch auf Einschränkungen meiner Sätze hingeleiten will, da es heute am eigentlichen vollen ersten Viertel schlecht genug und gegen meine Voraussetzungen ausfällt: so halt' ich mich diesmal mehr an die gute alte Bauerregel, die von den zwei letzten Tagen des Augusts den ganzen September bestimmen läßt; – und können diese nicht ziemlich schön ausfallen?

Die Engländer, hab' ich geschrieben, geben das Besitz-S nur lebendigen Wesen. Ebenso find' ich auch bei den Deutschen die Ausnahmen in den regelbeständigsten Klassen immer an lebendigen, gleichsam an Einzelwesen, denen ohnehin das Besitz-S angehört. Daher tragen in der so regelrechten Februarklasse gerade Greis, Freund, Feind, Dieb, Wirt, Hund ein S vor sich, das wie ein Fürstenliebling einmal unser Ohr gewonnen hat und also schwer zu verdrängen ist; – und sie mögen es denn auch behalten. – Umso mehr bleibe denn auch dem All-*Einzelwesen Gott* seine Beugung in Gottes-Verehrung etc. – Die so regelbeständige Junyklasse der in der Mehrzahl unverändert bleibenden Zweisylben führt bloß *Engel*, *Teufel* und *Esel* als Austreter vor. Dem *Teufel* als einem griechisch-lateinischen Ausländer und noch dazu als einem einzelnen Einzelwesen, das die größte Ausnahme des All vorstellt, kann man seinen Pferdeschweif von S schon belassen. *Engel* aber, von denen ohnehin eine Mehrzahl existiert, die dem Ahriman fehlt, hört unser Ohr gern ohne das Zisch-S. Auf den *Esel* komm' ich später.

Von allen Ecken Deutschlands sind, meine gnädige Frau, Vorstellungen an mich ergangen, ich möchte doch den Unterschied zwischen Landes Herrn und Landherrn, Lands Mann und Landmann, Standes Herren und Standherren noch in diesen umwälzenden Zeiten fortbestehen lassen, wie er sonst in ruhigern gewesen. Mit

Vergnügen verfüg' ich darauf, daß ich dem Gesuche umso eher entsprechen will, da der S-Liebhaber durch Land- und Standherr gerade so viel an seiner Regel verliert, als ich durch Landes und Standes Herr an der meinigen einbüße. Jedoch nötigt mich zu dieser Verwilligung ganz und gar nicht ein Sprachregelrecht – denn ungeachtet des Landes Herrn hat man doch Landstände, nicht Landes Stände, ferner Landrecht, Landtag, Landgraf, Landkarte, landüblich –, sondern ich werde von einer ganz andern Erwägung zu dieser Maßregel oder Freiheiterteilung bestimmt; von der nämlich, daß man in der Sprache nicht genug Schattierungen von Schatten, Halbschatten, Viertelschatten haben kann, und daß also, wenn ein bloßes Anheft-S einen ganz neuen Begriff darstellen kann, der krumme Schnörkel mit etwas Dank, wie ein militärischer Achselunterschied oder sonstige Rockflagge, anzunehmen ist. Also nicht bloß Landes Mann von Landmann unterscheide sich, sondern auch (wie Schulleute fühlen) Hunds Tage von Hundetagen oder Hundtagen – Wassers Not von Wassernot – sogar Mittels Mann von Mittelmann – Geistes voll von geistvoll.

Da ich eben im Bewilligen bin: so geb' ich noch frei Helfers Helfer, Kindes Kind, weil Helferhelfer, Kindkind zu erbärmlich klängen. – Auch Wörter wie das »Leben« muß ich mehr für einen Infinitiv wie etwa das »Sein« erklären als für ein Hauptwort, da man eigentlich so wenig sagen kann die Leben als die Sein, die Trinken etc.; und folglich ist das S, das ich als ein ohrenfeindlicher Petrus der »Lebensbeschreibung« in dem neuesten Hesperus abgenommen, dem Leben wie ein Malchusohr wieder anzuheilen. Aus demselben Grunde aber können alle entschiedenen infinitiven, sobald sie ihre Endigung behalten, das S nicht abwerfen, allein eben deshalb auch zu keinen Sammwörtern werden. Also bleibt z. B. Wünschens, Verfluchens würdig, sobald man nicht sagt denk-, wünsch-, merk-, verfluchwürdig; ebenso kann ich wohl sagen die Fechtens Lust, wie Lebens Lust, aber nicht die Fechtenlust, sondern nur die Fechtlust. Das Gefühl der Mißheirat eines solchen Doppelwortes erhöht und reizt man sich selber am besten, wenn man Dativ-Regierungen zuzuhören sucht, wie z. B. wünschenwidrig oder Wünschens angemessen sein würden.

Ich kann dieses Postskript nicht besser beschließen als mit einem neuen Beweise, wie rechtschaffen ich denke. Ich bekenne nämlich, daß ich wahrgenommen, wie die Sprache den Bestimmwörtern, die sie ohne S vermählt, sogleich eines anschraubt, wenn sie eine Vorsylbe oder etwas Ähnliches vorbekommen; z. B. Triebwerk, Tretrad, und dann Antriebsrad, Antrittsrede – Bergkette, und dann Gebirgskette – Tagbuch, und dann Alltagsbuch – Werkleute, und dann Handwerksleute – Nachtzeit, und dann Mitternachtszeit – Weltmann, und dann Allerweltsfreund.

Ebenso hat auch *Ling*, eine nur scheinbare Nachsylbe, immer sein Anhängsel-S an sich, z. B. in Frühlings-, Jünglings-, Lieblingsleben u.s.w. Denn *Ling* ist eigentlich selber ein Grundwort und bedeutet *Ding*, und das An- und Vorsetzwort in Früh-, Jüng-, Lieb- ist mehr adjektiv und vorsylbig und reiht sich dadurch eben unter die obigen Vorsylben-Ausnahmen hinein.

Gegen alles dieses hab' ich weiter nichts einzuwenden als meinen September- oder neunten Brief, worin die größere Zahl der jambischen und trochäischen Zweisylben mit *e* im Plural (Gewehrkammer, Pfennigkabinett) sich des mich so plagenden S enthält, meine Verehrteste. Und gegen so unbedeutende Längen wie Mitternachtszeit, die sich in der Mitte ein S als einen Schwer- und Ruhepunkt anmaßen, stell' ich ganz andere und längere, die gar nichts einschalten, auf, wie meine herrliche Wiener ist, die sich mit Wortbandwurmstock anfängt. Sie ist nur zu lang für dieses Postskript, steht aber ganz im zweiten, wo ich verharrte, wie in diesem,

Ihr

Kanonikus.

Neuntes Postskript

Nachschriften zu dem Novemberbrief über die weiblichen Bestimmwörter auf *e* mit *n* im Plural und zu dem Dezemberbrief über
heit, keit, schaft, ung, ion

Baireuth den 30. August 1819

Ewig Verehrte! Vom Wetter sag' ich kein Wort; indes ist übermorgen wenigstens Egydiustag. –

Herr Hofrat Thiersch macht die wichtige Bemerkung gegen mich,
daß das S sonst auch die weiblichen Genitive bezeichnet habe; er
beruft sich auf die englische Sprache, auf die weiblichen Eigennamen (z. B. Maria's, Mariens) und auf Überbleibsel wie *Nachts*. Noch
mehr wird das übermütige S in seinen Anfoderungen, allen weiblichen Wesen des November- und Dezemberbriefes bei ihren Trauungen gleichsam die Schleppe zu tragen oder anzuheften, durch
Voß (in seiner Zeitmessung etc.) und Grotefend und andere be-
stärkt, welche sämtlich behaupten, daß das Zisch-S an sich, ohne
alle Rücksicht auf einen Zeugefall, überhaupt ein Zeichen, einen
Schlangenring der Verbindung bei Doppelwörtern vorstelle. Daher
ist es denn kein Wunder, daß der Buchstabe ungescheuet auch in
den Sammwörtern eines scheinbaren Dativs sich ordnungsgemäß
und wahrheitswidrig einstellt.

Auf letztes antwort' ich nichts, sondern ich frage mehr grimmig
als ruhig: »Wenn diese fatale Schlange von S überall umwinden und
verbinden kann: warum ist sie denn in mehr als 30 000 Ritzen und
Spalten von Doppelwörtern nicht?«

Desto gesetzter versetz' ich auf das Übrige: aber das S-Cicisbeat
weiblicher Wörter ist doch jetziger Zeit abgeschafft. Wir sagen wohl
Nachts, aber doch nicht Nachtszeit. Die Endsylbe *Heit*, die sonst
(nach Grimm) männlich war, ist es jetzo aber nicht mehr. Die neuen
Wortbildungen sind nicht der Ausnahme von Liebesbrief und von
der noch irrigern Hülfsquelle, sondern der Regel gehorsam und
geben mir Wonnegefühl, Wärme- und Kältegrad, Liebeleben, Güte-
sinn, Erntefest, Rachegöttin. *Heit* und vermutlich *Keit* bedeuteten
sonst eine Person; aber auch die Endsylbe *in* kommt von *Inne*, eine
Frau, und *er* von *Er*, ein Mann; dessen ungeachtet setzt man ohne S

bei *in* Schäferin-Kleid, Königin-Mutter zusammen, und ohne eines bei *er* (nach der sechsten Klasse) Herrscher- und Kaisermantel zusammen. – Wozu vollends sollen übellautende Wörter von weit mehr Kometenschweif als Kometenkern, wie Wissenschaftlichkeit, etwa in Wissenschaftlichkeitsliebe, noch in ein *S* oder *Z* ausschnarren, da Bau und Länge sie schon genugsam abscheiden vom Grundworte? Müssen doch vielgliedrige, noch dazu aus Einsylben zusammengewachsene Sammwörter ohne alle S voneinander abstehen, wie z. B. in der neuern Schwefeldampfbadanstalt oder im Nußbaumholzastloch!

Aus Haß gegen die deutschen *ungs* oder *unx* hab' ich in meinem Dezemberbriefe ohne Not lateinische Kenntnisse sehen lassen und beigebracht, wie die Römer nur dreimal dergleichen in deunx, quincunx, septunx besaßen. Dafür wurd' ich zur Strafe von einem trefflichen Sprachgelehrten gefragt, warum ich nicht an die vielen unculus (z. B. in ranunculus), an die vielen cunque und an ungo, pungo und folglich an unxit und unctio gedacht. Aber ich antworte: darum nicht, weil alle diese nicht klingen wie *unx*. – Indes sehen Sie, gnädige Frau, aus diesen Postskripten immer deutlicher, wie schwer es einem an sich unbescholtenen Manne gemacht wird, irgend etwas zu behaupten und zu beweisen. Wie viel leichter hat es hierin Ihr Geschlecht zum Glück! – Ich aber bin

Ihr etc.

Zehntes Postskript

Über das Genitiv-S ausländischer Wörter; ein Postskript-Beitrag
zum neunten Briefe

Baireuth den 31. August 1819

Vom Wetter, wie gesagt, sag' ich heute nichts; und Egydius fällt morgen. – Aber erfreuen muß es wohl jeden, hohe Freundin, und mich besonders, daß in meine Ordnungen der Bestimmwörter nach den Plural-Enden so glücklich die fremdesten Ausländer, seien sie nun aus Arabien her, oder aus Griechenland, oder Welschland, einzubringen und einzugewöhnen sind. Alle Tausende kann ich nicht herpflanzen; aber einige befestigen genug. Zuerst die erste Klasse mit *e* und Umlaut im Plural, also Chor, Chöre, Chorlieder, Kanal, Kanäle, Kanalleitungen. (Sie sehen leicht, daß die deutsche Abteil-Strenge nach Ein- und nach Mehrsylben durch die ausländische Mehrsylbigkeit unnötig wird.) Folglich können – so wie in Papst, Altar, Choral – auch Bischof und Kardinal kein S an ihre Mützen und Hüte setzen.

Nach der zweiten Klasse mit *e* in der Mehrzahl, wie z. B. Vers, Verse, Versbau, Metall, Metalle, Metallgeld, gehen folglich Fest, Pol, Punkt, Puls, Charakter, Krokodil, Klystier, Dekret, Triumph, System, Friseur, Offizier, Krystall, Kamel, Paradies, Februar, Quartal, Termin und mehre andere, die schon im Septemberbriefe stehen; mit welchem Rechte können nun Pastorate, Doktorate, Senate für sich und für ihre Edikte und Distrikte S-Zulagen dekretieren?

Nach der Klasse mit *er* und mit Plural-Umlaut, wie z. B. Hospital, Hospitäler und Hospitalarzt, müssen folglich alle Nonkonformisten von Ausnahmen sich umbessern, wovon mir jetzo keine einzige beifällt.

Nach der männlichen fünften Klasse mit *en* im Plural ohne Umlaut, wie z. B. Komet, Kometen, Kometenschweif, nehmen in der Zusammensetzung, wie Graf in Grafensohn, das Wohllaut-*en* die folgenden an, wie Poet, Magnet, Advokat, Kastrat, Jesuit, Regent, Patient, Student, Komödiant, Juwel, Patron, Patriarch, Monarch, Epigramm, Evangelist; folglich gebe man den Doktoren, Professoren, Autoren, entweder Doktorrang (wie Doktorhut) oder ein Wohllaut-*en* dazu, aber kein Mißlaut-*s*.

Nach der weiblichen Klasse mit *en* im Plural hat (gleich Last, Lasten, Lastträger) Kolik, Koliken Kolikarzeneien; folglich kann gegen Fabrik, Natur, Kur, Bibliothek, Professur nicht gut ein Majestätsverbrechen sich halten.

Die weibliche Klasse mit *n* im Plural, welche, wie im Inländischen Blume, Blumen, Blumenblatt, so im Ausländischen Dose, Dosen, Dosenstück bildet, behauptet sich durch Klasse, Allee, Linie, Matrone, Sekunde, Periode, Narzisse, Familie, Bestie, Harmonie, Elegie, Akademie, Injurie ohne alle Ausnahmen hinaus.

Eine ähnliche Freude erleb' ich an der männlichen Klasse, die im Plural ihr *er* und *el* fortsetzt und welche – wie im Inländischen der Schiefer, die Schiefer, das Schieferdach oder der Flügel, die Flügel, der Flügelbau – so im Auslande das Theater, die Theater, der Theaterbau und der Titel, die Titel, die Titelsucht festsetzt; damit darnach sich sowohl die Wörter Zepter, Register, Magister, Kalender, September, Barometer, Pilger, Pflaster richten als die Wörter Tempel, Exempel, Orakel, Perpendikel, Kapitel, Zirkel, Pöbel. Wohin nun bei solchen Vorgängern die Engel und die Esel denken – sind anders diese nicht bei uns einheimischer als jene[33] –, daß sie elende S aufladen, kann kein Mensch begreifen, zumal wenn ich noch erwäge,

daß die weiblichen auf *el* mit einem *n* im Plurale – gleich den inländischen, die Nadel, die Nadeln, der Nadelbrief – so regelmäßig Fabel, Fabeln, Fabelsammlung haben, so wie Bibel, Fibel, Regel, Parabel, Kapsel, Fistel.

– Ich berg' es nicht, Gnädige, daß ich dieses Postskript mit einer Art Triumphwagengefühl – es hob mich weit über Wetter und Wolken hinaus – niedergeschrieben, weil ich mich oft fragte: was werden Menschen antworten, welche deine briefliche Abteilung der Sammwörter nach den verschiedenen Pluralen der inländischen Bestimmwörter für willkürlich und unzulänglich ausgeschrieen und die nun zu ihrem Erstaunen finden – wenn sie es zu Gesicht bekommen –, wie genau dieselbe Regel mit ihrem Ringe oder ihrer Ringkette auch alle Ausländer umschließt und zieht? – Möchte Sie nur bald sehen

Ihr
Gesandtschaftrat!

---

[33] Nach Grimms Grammatik S. 5 hieß im Gotischen der Esel Asilus.

Elftes bis zwölftes Postskript

Schreibung der Doppelwörter; samt den endlichen Siegen über alles

Baireuth den 1. September 1819

Heute am Mittwoch ist der Egydiustag. Aber so viel bleibt gewiß, lieber will ich der Prophet Hesekiel und Jeremias und jeder kleine Prophet bis zu Habakuk und Amos sein als ein Wetterprophet. – Doch zu etwas Erfreulicherem! Ich stehe endlich da und habe meine sämtlichen Feinde ziemlich weit in die Flucht geschlagen und führe den Schlüssel zum versperrten Janustempel in der Tasche. Jetzo hab' ich nun niemand weiter zu schlagen und niederzustrecken als meine Seitenfeinde, die Eos – die Justiz- und Polizeifama von Hartleben – die Stuttgarter Zeitungschreiber – und viele baiersche Schulschriftsteller, des schon toten Schlözers nicht zu gedenken. Hab' ich dies auch vollbracht, so kann ich ruhig nach Hause gehen und ein Te deum singen unter Glockengeläute und mir einen Ehrensäbel anhängen, Verehrte! Unter den zu erregenden Seitenfeinden mein' ich die, welche die mühsam zu einem Ganzen gewobenen Sammwörter dem Stückverkauf oder Ausschnitthandel unterwerfen und Sinn aufhaltend und störend z. B. das Wort Schwefel Dampf Bad Anstalt so schreiben, wie ich eben getan; denn mein Wiener Lustwort Wort Band Wurm Stock mag ich gar nicht weiter entstellen durch Hinausschreiben desselben. – Yelin wendet in seinem lustreichen und witzreichen Büchelchen *»Das Kaleidoskop eine baierische Erfindung«* Seite 40 gegen eine solche Erbteilung der Sammwörter mit Recht ein, daß man nach dieser Unregel auch schreiben müßte: Hinter List, Gries Gram, Zwie Spalt, Nase Weisheit, Nürn Berg, Baro Meter. Auch der feinsinnige, der deutschen Sprache zu früh genommene Seidenstücker hat darüber in seinem *»Nachlaß, die deutsche Sprache betreffend«* Seite 202 eine Rügestelle, die ich Ihnen der Länge wegen bloß mündlich vortragen kann.[34]

---

[34] Sie lautet aber so: »Da die Schriftsprache nur Kopie der Mundsprache ist: so darf man ihr keine Deutlichkeit leihen, die dem Originale fehlt, und es ist eine wahre Lächerlichkeit, wenn man den Augen den verweilenden General-Feld-Marschall so zerstückt vorlegt, von dem Ohre aber verlangt, daß es den in

Warum legt man uns die Mühe auf, verheiratete Sammwörter, die durch ihre großen Anfangbuchstaben gleichsam wie Große ihre Vereinigung verbergen, erst nach dem Lesen einer ganzen Zeile zu erkennen? Wenn das Krugbier, der Faßwein geschrieben wird wie ein Krug Bier, ein Faß Wein, woher soll ich in der Eile die ganz verschiedene Betonung für beide treffen, teuerste Gönnerin?

Donnerstags den 2. September

Aber immer trennen und verdunkeln die Großen das Deutsche, täten es auch nur Buchstaben. Warum wählt man gerade hier eine Umkehrung des Hebräertums und schreibt die Anfänge groß anstatt der Enden, nach einem umgekehrten Camnephez? Mit diesem Worte werden nämlich, wie ich Ihnen nicht zu sagen brauche, von den hebräischen Grammatiken diejenigen Buchstaben wie C, M, N, H etc. bezeichnet, die in den jüdischen Bibeln am Ende eines Wortes lang und groß gezogen werden. – Es ist eine uralte Bauerregel – deren häufiges Zutreffen ich durchaus mir aus keiner Mond- und Sonnestellung zu erklären weiß –, daß am Freitage sich das Wetter ändert; morgen ist nun Freitag; ja übermorgen tritt sogar um 6 Uhr vormittags der Vollmond ein. Und da werd' ich fortfahren, zu schreiben und zu sein

Ihr etc.
J. P.

Freitag und Sonnabends den 3. und 4. Sept. 1819

– Aber so ist die Zeit – ich meine nicht das.... Wetter, sondern die Neuern, Gönnerin! Wenn die Alten alle Wörter mit einerlei Buchstaben schrieben, entweder mit lauter großen oder lauter kleinen – sogar oft alle aneinander geleimt – ohne Punkte und Kommata – und ganze Werke, z. B. die Bibel, ohne Kapitel, ohne Verse, ja wie die Hebräer ohne Selblauter –: so können die Neuern nicht genug scheiden und beziffern; unter allen aber keine so sehr als wir Deutschen. Andere, die Franzosen, Engländer, Italiener, sind weit mäßiger mit Anfangbuchstaben, so wie in Kommaten und mit gesperrten

---

leichten Schwingungen vorbeieilenden Generalfeldmarschall ungegliedert vernehme und verstehe.«

Drucken; aber wir bleiben ewig ein Zeichenmacher- und Zeichendeutervolk – der Haupt- und Patrizierbuchstaben bei den kleinsten Substantiven, der Kommata bei den kürzesten Viertelsätzen, der Schwabacher Schriften (in *einem* Satze haben wir oft so viele gesperrte Drucke als in einem Brunnensaale gesperrte Sitze) und der Fragzeichen und der Ausrufzeichen (wir pflanzen bei Gelegenheit drei von beiden zugleich hinter und zwischen einander), dergleichen und der Gedankenstriche werden wir scheidekünstlerischen Leute nie satt, sondern hätten lieber noch mehr. Denn wir sind eben, Madame, überall ein gebornes Paßschreibervolk, ein Wappenvolk, ein Titularvolk, das von den Erbbegräbnissen und niedrigen Poststuben an ewig betitelt und bezeichnet bis zu den Eß- und Tanzsälen hinauf, wo jeder dasitzt und mit dem Adreßkalender in der Hand die vergleichende Anatomie aller Ansässigen liest! –

– Aber ich wollte, ich wäre etwas froher. Denn niemand – um wieder auf unser schriftstellerisches Beziffern und Betonen zu kommen – verkennt sonst weniger als ich die wahren Vorteile, die wir in manchen Fällen, um nur zwei Arten von Gesprächen anzuführen, davon ziehen. Den alten Horaz z. B. redet in seinen Satiren jeder Narr an, und er antwortet ihm, ohne daß die Alten nur durch die kleinsten »Gänsefüße« oder »Hasenöhrchen« angezeigt und unterschieden hätten, wer eigentlich rede. Bei uns aber fehlen solche Anzeigen wohl nie, und so folgen wir natürlich gleichsam auf den Gänsefüßen dem Autor leichter und vernehmen ihn mit den Hasenöhrchen leiser. –

Die andere Art von Gespräch, welche so sehr durch unsern Geist der Bezeichnung und Betonung gewinnt, im Gegensatze der Alten, ja mehrer Neuern, denen er mangelt, ist das theatralische. Wir setzen nämlich, wie Werner und andere gute Trauerspieldichter, über eine tragische Rede eine kurze dürre, aber klare Vorschrift oder Angabe der Empfindungen, welche der Schauspieler zu geben und vorher gleichsam zu haben hat – z. B. »mit einem Seufzer schmerzlicher Erinnerung« oder »Aufseufzen aus Phantasie« oder »erhabener Wahnsinn der Liebe« –; aber diese Vorschriften und Vorzeichnungen sind unschätzbar, da sie für Leser und Spieler die tragischen Reden überflüssig machen – denn sonst wären sie selber überflüssig – und der Schwäche derselben möglichst abhelfen können.

Aber, wie gesagt, an den Sammwörtern taugt die Scheidekünstelei gar nichts, und ich bedaure die braven Baiern in einer solchen Unrechtschreibeschule. – Schließlich erlauben Sie mir nur so im Allgemeinen die Bemerkung herzuwerfen, welche jedem schon von der Ebbe und Flut zugeführt werden kann, daß der Mond nicht schon im ersten Stundendutzend seiner Veränderung wieder eine in dem Luft- und Wettermeere erzeuge, sondern erst nach einem zweiten Dutzend und zuweilen später; und bloß in dieser Rücksicht wag' ich zu sagen, daß der heutige Vollmond sich doch morgen zeigen kann.

Baireuth Sonntags den 5. Sept. 1819

– Und der Vollmond hat sich gezeigt, und den Sonnenkörper dazu – und die Welt leuchtet überall, Verehrteste! So scheints doch, als schlügen mir meine Prophezeiungen – da eine so entscheidende für einen ganzen schönen Monat heute völlig zugetroffen – im Ganzen weniger fehl als ein. Aber weder heute noch morgen brüst' ich mich auf meine Schönwettertage, obgleich im Heiligen-Kalender das Heute einen Herkules und das Morgen einen Magnus zu feiern gibt, sondern übermorgen, wo *Regina* oder Königin im Kalender steht und ich zu Ihnen abreise, und überübermorgen, wo ich am 8ten Sept. oder an Maria's, der Himmelkönigin, Geburt ankomme, da dürft' ich über das Dreiglück, Ihr Gast, Weissager und Sprachlehrer zu sein, wohl halb so eitel sein als froh.

Ich weiß, ich werde nie einen herrlichern September mehr haben. Durch die fertig gewordnen Postskripte über die Sammwörter hab' ich mich (zumal wenn Sie ihren Druck verstatten) wieder meinen Gegnern gezeigt und stehe, nachdem ich mir deshalb anderthalb Jahre lang graue Haare mußte wachsen lassen, wieder mit so verjüngten und schwarzen da wie Herr Gütle, der Chemie Beflißner und korrespondierendes Mitglied der kameralistischen und ökonomischen Gesellschaft in Erlangen, der sich als ein Siebziger mit seinem Haarfärbmittel – die Flasche zu 1 fl. 15 kr. – sein eignes graues Haar in ein schwarzes umgefärbt. (Nürnber. Korespondent 1818, Seite 372.) – Und wie sanft muß jedem wohlwollenden Herzen ein warmer Himmel tun, der jetzo voll Geigen für die Tänze der armen Winzer hängt, welche sonst, wie Goldwäscher und Diamantsucher, immer das entraten, was sie einsammeln und ausliefern! – Und dabei ziehen gerade unter einer so hellen und unbewölkten Sonne von allen Ecken Minister und Gesandte zu einer Planetenzusammenkunft nach Karlsbad, und ein heiteres Wetter läßt sich von dem andern versprechen!

Aber das schönste erlebt doch an Mariageburt, angebetete Kanonissin,

Ihr ewiger Kanonikus
Jean Paul Fr. Richter.

Über tredition

Eigenes Buch veröffentlichen

tredition wurde 2006 in Hamburg gegründet und hat seither mehrere tausend Buchtitel veröffentlicht. Autoren veröffentlichen in wenigen leichten Schritten gedruckte Bücher, e-Books und audio-Books. tredition hat das Ziel, die beste und fairste Veröffentlichungsmöglichkeit für Autoren zu bieten.

tredition wurde mit der Erkenntnis gegründet, dass nur etwa jedes 200. bei Verlagen eingereichte Manuskript veröffentlicht wird. Dabei hat jedes Buch seinen Markt, also seine Leser. tredition sorgt dafür, dass für jedes Buch die Leserschaft auch erreicht wird.

Im einzigartigen Literatur-Netzwerk von tredition bieten zahlreiche Literatur-Partner (das sind Lektoren, Übersetzer, Hörbuchsprecher und Illustratoren) ihre Dienstleistung an, um Manuskripte zu verbessern oder die Vielfalt zu erhöhen. Autoren vereinbaren direkt mit den Literatur-Partnern die Konditionen ihrer Zusammenarbeit und partizipieren gemeinsam am Erfolg des Buches.

Das gesamte Verlagsprogramm von tredition ist bei allen stationären Buchhandlungen und Online-Buchhändlern wie z. B. Amazon erhältlich. e-Books stehen bei den führenden Online-Portalen (z. B. iBookstore von Apple oder Kindle von Amazon) zum Verkauf.

Einfach leicht ein Buch veröffentlichen: **www.tredition.de**

Eigene Buchreihe oder eigenen Verlag gründen

Seit 2009 bietet tredition sein Verlagskonzept auch als sogenanntes "White-Label" an. Das bedeutet, dass andere Unternehmen, Institutionen und Personen risikofrei und unkompliziert selbst zum Herausgeber von Büchern und Buchreihen unter eigener Marke werden können. tredition übernimmt dabei das komplette Herstellungs- und Distributionsrisiko.

Zahlreiche Zeitschriften-, Zeitungs- und Buchverlage, Universitäten, Forschungseinrichtungen u.v.m. nutzen diese Dienstleistung von tredition, um unter eigener Marke ohne Risiko Bücher zu verlegen.

Alle Informationen im Internet: **www.tredition.de/fuer-verlage**

tredition wurde mit mehreren Innovationspreisen ausgezeichnet, u. a. mit dem Webfuture Award und dem Innovationspreis der Buch Digitale.

tredition ist Mitglied im Börsenverein des Deutschen Buchhandels.

Dieses Werk elektronisch lesen

Dieses Werk ist Teil der Gutenberg-DE Edition DVD. Diese enthält das komplette Archiv des Projekt Gutenberg-DE. Die DVD ist im Internet erhältlich auf **http://gutenbergshop.abc.de**

MIX
Papier | Fördert
gute Waldnutzung
FSC® C083411

Zeitfracht Medien GmbH
Ferdinand-Jühlke-Straße 7
99095 Erfurt, Deutschland
produktsicherheit@kolibri360.de